초·중등필수
1600단어
문단기
* 문답식 단어연상 기억 *

저자 이재환(Victor Lee)

[약력]
FTC외국어연수원 원장 역임
시사외국어연수원장 역임

[활동]
MBC 9시 뉴스데스크 출연
KBS 1TV 9시 뉴스데스크 출연
KBS 2TV 뉴스광장 출연
YTN 뉴스 출연
MBN 뉴스 출연
경향신문 X매거진 특집인물기사
주간인물 표지모델 선정
미국 시카고 한인방송 인터뷰 특집기사
미국 LA 한인방송 인터뷰 특집기사
캐나다 한국일보 인터뷰 특집기사
캐나다 동아일보 인터뷰 특집기사
교육대상 수상
국내 학교 및 관공서, 학원 약 500여 개소 프로그램 공급

[저서 및 개발]
음성인식영어로봇 세계최초 개발(프레스센터 언론 기자 회견)
AMT(영어문장자동암기프로그램)개발
기적의 영어기억법 저술
분리합성언어교육프로그램 이론 발표
영어 구절반복 특허 등록
AMS(영어자동암기시스템) 개발
기타 약 50여종의 교재와 30여종의 교육관련 특허 출원

Recording

Native Speaker

Kristen

education
B.A. in English Literature at University of California, Los Angeles(UCLA)
M.A. in TESOL at California State University, Los Angeles

work experience
Power English at EBS radio, host (current)
Business English, EBS radio, co-host (previous)
English Go, EBS radio, reporter
Ewha Woman University, full-time lecturer
Hanyang University, part-time lecturer

Korean

석원희 (KBS성우) (previous)

신혜경 (KBS성우) (previous)

문 단 기

문답식
단어연상
기억

UNIT 121 - 160
(WORDS 1201 - 1600)

문답식 단어연상 기억 (특허출원전문)

【발명의 배경】

외국어를 공부하는 학습자들이 가장 어려움을 겪는 부분이 단어학습이다.

초·중등 필수단어가 약 1,600 단어이고, 고교 필수단어가 약 4,200 단어이므로, 중복되는 단어를 제외하더라도 제대로 된 영어 학습을 위해 약 5,000개 이상의 단어를 완벽히 소리와 함께 암기해야 하는 실정이다.

최근, 한 통계에 따르면 고등학교 졸업생 중 고교 필수단어를 정확한 발음과 함께 모두 기억하고 있는 학생은 1%도 안 되고, 서울대를 포함한 상위 대학에 입학한 학생들 중에서도 다수의 학생들이 고교 필수단어 모두를 기억하지는 못하는 것으로 나타났다. 이러한 이유는 종래의 단어 기억 방법이 단순 반복 암기에 의해 이루어지기 때문으로 학습한 단어가 단기간은 머릿속에 기억되어 있다가 반복 학습을 하지 않게 되면 기억에서 바로 사라져버리기 때문이다. 실제로 영어 단어를 암기하는 경우 몇 시간이 지나면 약 50% 정도가 기억에서 사라지게 되고, 며칠이 지나면 70% 정도, 한 달 후에는 대부분의 단어들이 기억에서 사라지는 경험을 누구나 하게 된다.

따라서 암기한 단어를 지속적으로 기억하기 위해서는 수십 번에서 수백 번의 반복학습을 주기적으로 해주어야 하는데, 이렇게 암기한 단어가 기억에서 지워지고 다시 학습하는 과정에서 학습자들이 단어 암기 학습에 지쳐서 단어 암기 학습을 포기하고 있는 실정이다.

【과제의 해결 수단】

"한번 들으면 영원히 기억되기 위해" 국내 최초로 시도된 **7**가지

① 국내 최초 1600개 연상 질문 원고(연상기억)	② 국내 최초 1600개 연상 답 원고(연상기억)
③ 국내 최초 1600개 연상 질문 삽화(이미지기억)	④ 국내 최초 1600개 연상 답 삽화(이미지기억)
⑤ 국내 최초 KBS 남녀 성우 연상 질문/답 녹음	⑥ 국내 최초 원어민 3회 연속 챈트식 녹음
⑦ 3200개 삽화 애니메이션(영상 학습물)	

【발명의 효과】

한번 학습한 단어가 연상에 의해 오랜 기간 동안 기억 속에 남게 되므로 최상의 학습효과를 얻을 수 있는 뛰어난 효과를 갖는다. 문답 형식의 연상기억법을 통해 영어 단어를 기억할 수 있도록 함으로써 학교나 학원 등의 교육 기관에서 선생님과 학생들 사이 또는 학생들끼리 조를 나누는 등의 방법에 의해 문답식 수업이 가능하게 되므로 학생들이 단어학습에 흥미를 느끼게 되고 보다 능동적으로 수업에 참여할 수 있게 되어 학습 능률을 향상시킬 수 있는 효과를 추가로 갖는다.

끝으로 '문단기' 연상 원고, 녹음, 삽화, 그리고 영상을 제작하기 위해 기간이 약 5년 정도가 소요됐으며 참여한 인원도 약 100여명이 참여되어 제작될 정도로 대하소설이나 대작의 영화라고 해도 과언이 아니다.

특히 이번에 본 개발을 위해서 국내 최초로 시도된 제작법만 7가지가 된다.

'문단기'는 **영상과 함께 학습**하여야 그 학습 효과를 제대로 볼 수 있으며 가능하면 영상물도 같이 구매하여 학습하기 바란다. '문단기'가 영어 단어 학습으로 힘들어하는 대한민국 모든 학습자들에게 희망이 되길 바라면서…

문답식 단어연상 기억으로

재미있고 쉽게 영어 단어를 학습하기를 기대합니다.

저자 이재환

영상 학습법

✏ STEP 1

한글로 문장 연상 단계

▸ 단어의 뜻을 넣어 연상이 되도록 질문
▸ 단어의 음을 넣어 연상이 되도록 대답
　질문: 한국인 여자 성우 / 대답: 한국인 남자 성우 ---- 2회 반복
▸ 영어는 생각하지 말고 큰 소리로 한국인 성우가 표현하는 우
　리말을 따라하면서 연상 문장을 기억할 것
▸ 리듬에 맞춰 경쾌하게 표현할 것

✏ STEP 2

연상된 문장 확인 학습 단계

▸ 음악만 흘러나오면서 입 그림이 좌측에서 우측으로 움직인다.
▸ 입 그림이 좌측에서 우측으로 갈 때까지 연상 문장을 표현
▸ Step 1에서 연상한 문장을 바로 표현해 본다.
▸ 영어는 몰라도 한국어 연상은 바로 됨
▸ 한국어 연상 문장 안에는 영어 뜻과 음이 모두 들어 있음

✏ STEP 3

영어 뜻과 음 기억 단계

▸ **연상 문장 1회 흘러 나온다**
▸ 다시 한 번 연상 문장을 표현한다.
▸ **단어의 뜻을 한국인이 말하고**
▸ **바로 이어 원어민이 영어음을 리듬에 맞춰서 3번 경쾌하게 읽
　는다.**
▸ 원어민 음에 따라서 3회 큰 소리로 표현

✏ STEP 4

최종 기억 단계

▸ **한글 뜻에 이어서 원어민의 영어음이 3번 리듬에 맞춰 흘러
　나온다.**
▸ 다시 한 번 뜻을 표현하면서 영어음을 3번 같이 따라서 발음
▸ 영어 음을 발음할 때 영어 철자를 눈으로 정확히 익힌다.

✏ STEP 5

기억 확인 단계

▸ **성우가 한글 뜻을 말한다**
▸ 한글 뜻을 듣고 바로 영어로 표현
▸ 입모양이 좌측에서 우측으로 가기 전에 영어로 표현
▸ 입모양이 우측으로 가면서 영어 철자가 나타난다.
▸ 영어 철자가 나타날 때 본인이 표현한 것이 맞는지 확인하면
　서 다시 한 번 영어로 표현

교재 학습법

교재는 영상과 같이 학습해야 훨씬 효과적입니다.

▸ 말 할 때는 반드시 큰 소리로 말해야 기억효과가 3~5배까지 됩니다.

✎ STEP 1

한글 연상 단계

▸ 영어는 생각하지 말고 우리말만 생각하고 연상문장을 머리에 기억합니다.
▸ 연상기억을 할 때 그림을 같이 보면서 연상 기억이 오래 남도록 합니다.
▸ 연상기억을 할 때 기억을 해야겠다는 마음을 강하게 가지고 집중을 하면서 기억효과가 좋습니다. (두뇌도 발달됨)
▸ 큰 소리로 기억할 때마다 ①②③④⑤에 ✔ 표시를 하세요.

✎ STEP 2

한글 연상 단계

▸ STEP1에서 암기한 연상 문장을 이제 그림만을 보고 연상문장을 떠 올려서 큰소리로 말합니다.
▸ 큰 소리로 기억할 때마다 ①②③④⑤에 ✔ 표시를 하세요.

✎ STEP 3 연상 기억 확인 단계

637	**empty** [émpti]	① ② ③ ④		텅 빈	① ② ③ ④
775	**voyage** [vɔ́idʒ]	① ② ③ ④		항해	① ② ③ ④
827	**destroy** [distrɔ́i]	① ② ③ ④		파괴하다, 파괴되다, 부수다	① ② ③ ④

▸ 먼저 한글로 기억된 연상문장을 한번 말하고 바로 이어서 영어발음기호를 보고 정확히 큰 소리로 영어발음을 3번씩 합니다.
▸ 종이-등으로 좌측 영어 부분을 가리고 그림과 한글만을 보고 영어로 기억한 단어를 테스트 합니다.
▸ 종이-등으로 우측 한글 부분을 가리고 그림과 영어만을 보고 기억한 단어를 한글로 말하는 테스트를 합니다.

차 례

✓ STEP 1

1201 ① ② ③ ④ ⑤

지방의 버스는 어때?
로컬버스라서 상태가 안 좋아
☺ 지방의 ⇨ 로우컬

1202 ① ② ③ ④ ⑤

남아있는 요리는 뭐지?
코스 요리 메인 요리가 남아있어
☺ 남아 있다 ⇨ 리메인

1203 ① ② ③ ④ ⑤

왜 침묵하고 있어?
저 사람이 싸이렌을 틀어서 그래
☺ 침묵 ⇨ 사일런트

1204 ① ② ③ ④ ⑤

이 인형은 성격이 어때?
이 캐릭터 인형은 성격이 사나워
☺ 성격 ⇨ 캐릭털

1205 ① ② ③ ④ ⑤

우리 편이 어떻게 이겼어?
사이드 킥을 성공해서 이겼어
☺ 편 ⇨ 사이드

1206 ① ② ③ ④ ⑤

손님들에게 예의 바른 나이트?
폴 나이트!
☺ 예의 바른 ⇨ 펄라이트

1207 ① ② ③ ④ ⑤

이웃은 어떻게 지내니?
내 이웃은 이별에 익숙한 것 같애
☺ 이웃 ⇨ 네이벌

1208 ① ② ③ ④ ⑤

이런 보통의 세금은 어디 내면 돼?
글쎄, 어디 내리? 나도 잘 몰라
☺ 보통의 ⇨ 올-더너리

1209 ① ② ③ ④ ⑤

경험을 말해줘~
이 슈퍼 린스가 좋아
☺ 경험(하다) ⇨ 익스피어리언스

1210 ① ② ③ ④ ⑤

여행 갔다가 발목을 삐었어
그래서 다리를 저니?
☺ 여행 ⇨ 절-니

1201 지방의	1202 남아 있다

① ② ③ ④ ⑤

1203 침묵	1204 성격

① ② ③ ④ ⑤

1205 편	1206 예의 바른

① ② ③ ④ ⑤

1207 이웃	1208 보통의

① ② ③ ④ ⑤

1209 경험(하다)	1210 여행

① ② ③ ④ ⑤

		①	②			①	②
1201	local [lóukəl]	③	④		지방의, 지역의	③	④
1202	remain [riméin]	①	②		~인 채 남아 있다	①	②
		③	④			③	④
1203	silent [sáilənt]	①	②		침묵	①	②
		③	④			③	④
1204	character [kǽriktər]	①	②		성격, 인물	①	②
		③	④			③	④
1205	side [said]	①	②		편, 쪽, 측면	①	②
		③	④			③	④
1206	polite [pəláit]	①	②		예의바른, 공손	①	②
		③	④			③	④
1207	neighbor [néibər]	①	②		이웃	①	②
		③	④			③	④
1208	ordinary [ɔ́ːrdənèri / ɔ́ːdənəri]	①	②		보통의, 평범한	①	②
		③	④			③	④
1209	experience [ikspíəriəns]	①	②		경험	①	②
		③	④			③	④
1210	journey [dʒə́ːrni]	①	②		여행	①	②
		③	④			③	④

1201.  지방의	**1202.** 남아 있다
1203. 침묵	**1204.** 성격
1205. 편	**1206.** 예의 바른
1207. 이웃	**1208.** 보통의
1209. 경험(하다)	**1210.** 여행

✓ STEP 1

1211 ① ② ③ ④ ⑤

꿈을 실현했니?
우리 언니 나이는 아직 즐길 수 있는 나이야
☺ 실현하다 ⇨ 리-얼라이즈

1212 ① ② ③ ④ ⑤

가치가 없어 보이는 물건은?
이 물건이 별로 가치가 없어 보이네
☺ 가치 ⇨ 밸류-

1213 ① ② ③ ④ ⑤

범인으로 추측하는 이가 있어?
저 남자.. 서 있는 포즈가 범인 인 듯해
☺ 추측(하다) ⇨ 서포우즈

1214 ① ② ③ ④ ⑤

어쩌다 곤경에 빠졌어?
트럭에 불이 붙었어
☺ 곤경 ⇨ 트러블

1215 ① ② ③ ④ ⑤

가방을 어떤 걸로 살까 상상해 봤니?
이미지 그려봤는데 결정은 못했어
☺ 상상하다 ⇨ 이매쥔

1216 ① ② ③ ④ ⑤

우편 수송차가 어디로 지나갔어?
트랙 위로 휙 하고 지나갔어
☺ 수송 ⇨ 트래픽

1217 ① ② ③ ④ ⑤

신호가 바뀌자 그는 어떻게 했어?
신호가 시퍼렇게 바뀌자 그녈 태웠어

☺ 신호 ⇨ 시그널

1218 ① ② ③ ④ ⑤

와인을 수입해오는 동안 직원들은 뭐하고 있었어?
와인을 일본에서 수입해오는 동안 직원들은 와인을
마시고 있었어
☺ ~하는 동안 ⇨ 와일

1219 ① ② ③ ④ ⑤

문 두드리고 들어와!
어? 노크했어!
☺ 두드리다 ⇨ 나크

1220 ① ② ③ ④ ⑤

더우면 느슨해지는 사람은?
루이 암스트롱
☺ 느슨하다 ⇨ 루-스

1211	실현하다		1212	가치

1213	추측(하다)		1214	곤경

1215	상상하다		1216	수송

1217	신호		1218	~하는 동안

1219	두드리다		1220	느슨하다

1211	realize [ríːəlàiz]	① ② ③ ④		실현하다, 깨닫다	① ② ③ ④
1212	value [vǽljuː]	① ② ③ ④		가치	① ② ③ ④
1213	suppose [səpóuz]	① ② ③ ④		추측(하다), ~라고 생각하다, 가정하다	① ② ③ ④
1214	trouble [trʌ́b-əl]	① ② ③ ④		곤경, 고생, 걱정	① ② ③ ④
1215	imagine [imǽdʒin]	① ② ③ ④		상상하다	① ② ③ ④
1216	traffic [trǽfik]	① ② ③ ④		수송(물), 교통(량), (사람, 차의) 왕래	① ② ③ ④
1217	signal [sígn-əl]	① ② ③ ④		신호	① ② ③ ④
1218	while [hwail]	① ② ③ ④		~하는 동안	① ② ③ ④
1219	knock [nɑk / nɔk]	① ② ③ ④		두드리다, 노크하다	① ② ③ ④
1220	loose [luːs]	① ② ③ ④		느슨하다, 풀어지다	① ② ③ ④

1211. 실현하다	**1212.** 가치
1213. 추측(하다)	**1214.** 곤경
1215. 상상하다	**1216.** 수송
1217. 신호	**1218.** ~하는 동안
1219. 두드리다	**1220.** 느슨하다

✓ STEP 1

1221 ① ② ③ ④ ⑤

몹시 바쁜 시간대에 사람들이 몰리는 것을 뭐라 해?
러쉬 아워! (rush hour)
☺ 몹시 바쁜 ⇨ 러쉬

1222 ① ② ③ ④ ⑤

연달아 공을 쳐볼래?
오, 비트가 느껴지는 게 신이 나네
☺ 연달아 치다 ⇨ 비트

1223 ① ② ③ ④ ⑤

번지 점프를 시도한 곳은?
어~ 템즈강
☺ 시도하다 ⇨ 어템트

1224 ① ② ③ ④ ⑤

그런데
내 아우는 에버폰을 공짜로 받았어
☺ 그런데 ⇨ 하우에벌

1225 ① ② ③ ④ ⑤

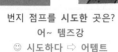

포를 쓰는 군대는 어디야?
포쓰는(포를 사용하는) 부대는 대포 부대야
☺ 군대 ⇨ 폴-스

1226 ① ② ③ ④ ⑤

돈을 나누는 방법은?
세어서 나누면 돼!
☺ 나누다 ⇨ 쉐얼

1227 ① ② ③ ④ ⑤

매니큐어를 제거하는 약품은?
리무버!
☺ 제거하다 ⇨ 리무-브

1228 ① ② ③ ④ ⑤

옷들이 왜 이렇게 더럽니?
그래도 이건 덜 더러운 티셔츠야
☺ 더러운 ⇨ 덜-티

1229 ① ② ③ ④ ⑤

편안하고 좋더라
큰 뽀트(보트)를 타보니
☺ 편안한 ⇨ 컴퍼터블

1230 ① ② ③ ④ ⑤

계속 진행되는 작업이 뭐니?
바닥에 붙은 껌 떼는 작업
☺ 계속하다(되다) ⇨ 컨티뉴-

1221	몹시 바쁜		1222	연달아 치다	

① ② ③ ④ ⑤　　① ② ③ ④ ⑤

1223	시도하다		1224	그런데	

① ② ③ ④ ⑤　　① ② ③ ④ ⑤

1225	군대		1226	나누다	

① ② ③ ④ ⑤　　① ② ③ ④ ⑤

1227	제거하다		1228	더러운	

① ② ③ ④ ⑤　　① ② ③ ④ ⑤

1229	편안한		1230	계속하다(되다)	

① ② ③ ④ ⑤　　① ② ③ ④ ⑤

1221	rush [rʌʃ]	① ② ③ ④			몹시 바쁜, 빨리 가다, 돌진하다	① ② ③ ④
1222	beat [biːt]	① ② ③ ④			연달아 치다, 때리다, 두드리다, (박자를) 맞추다	① ② ③ ④
1223	attempt [ətémpt]	① ② ③ ④			시도하다	① ② ③ ④
1224	however [hauevər]	① ② ③ ④			그런데, 그러나	① ② ③ ④
1225	force [fɔːrs]	① ② ③ ④			군대, 세력, 강제로 시키다	① ② ③ ④
1226	share [ʃɛər]	① ② ③ ④			나누다, 같이 쓰다, 몫	① ② ③ ④
1227	remove [rimúːv]	① ② ③ ④			제거하다, 없애다, 벗다	① ② ③ ④
1228	dirty [dɔːrti]	① ② ③ ④			더러운	① ② ③ ④
1229	comfortable [kʌ́mfərtəbəl]	① ② ③ ④			편안한	① ② ③ ④
1230	continue [kəntínjuː]	① ② ③ ④			계속하다	① ② ③ ④

1221. 몹시 바쁜	1222. 연달아 치다
1223. 시도하다	1224. 그런데
1225. 군대	1226. 나누다
1227. 제거하다	1228. 더러운
1229. 편안한	1230. 계속하다(되다)

✓ STEP 1

1231 ① ② ③ ④ ⑤

찾고 있는 서류에는 뭐가 있지?
리서치(research) 결과가 적혀있어
☺ 찾다 ⇨ 설-취

1232 ① ② ③ ④ ⑤

아마도 올해는 어떤 스타일의 화장이 유행할 거 같애?
펄이 들어간 햅번 스타일 화장
☺ 아마도 ⇨ 퍼햅스

1233 ① ② ③ ④ ⑤

뭘 걱정하고 있어?
엥~셔츠가 더러워서
☺ 걱정하다 ⇨ 앤셔스

1234 ① ② ③ ④ ⑤

 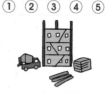

걱정하게 하는 현장은?
위험한 건설현장
☺ 걱정하게 하다 ⇨ 컨써언

1235 ① ② ③ ④ ⑤

지금 상태로 보아하니
내일 컨디션도 별로일 것 같애
☺ 상태 ⇨ 컨디션

1236 ① ② ③ ④ ⑤

볼링에서 완벽하게 모두 스트라이크를 치면 뭐라고 해?
퍼펙트게임!
☺ 완벽한 ⇨ 펄-픽트

1237 ① ② ③ ④ ⑤

목공소에서 **취급하며** 부르는 노래는?
트리(tree) 트로트 노래
☺ 취급하다 ⇨ 트리-트

1238 ① ② ③ ④ ⑤

나 그 명예스러운 분을 알아
정말? 너도 아나?
☺ 명예 ⇨ 아널

1239 ① ② ③ ④ ⑤

사람들이 왜 환호하지?
치어걸들이 춤을 추잖아
☺ 환호(하다) ⇨ 치얼

1240 ① ② ③ ④ ⑤

용감한 소녀가
브레이크 댄스를 부산 앞바다에서 췄어
☺ 용감한 ⇨ 브레이브

1231	찾다	① ② ③ ④ ⑤
1232	아마도	① ② ③ ④ ⑤
1233	걱정하다	① ② ③ ④ ⑤
1234	걱정하게 하다	① ② ③ ④ ⑤
1235	상태	① ② ③ ④ ⑤
1236	완벽한	① ② ③ ④ ⑤
1237	취급하다	① ② ③ ④ ⑤
1238	명예	① ② ③ ④ ⑤
1239	환호(하다)	① ② ③ ④ ⑤
1240	용감한	① ② ③ ④ ⑤

		①	②			①	②
1231	**search** [səːrtʃ]	③	④		찾다	③	④
1232	**perhaps** [pərhǽps, pərǽps]	① ③	② ④		아마도, 어쩌면	① ③	② ④
1233	**anxious** [ǽŋkʃəs]	① ③	② ④		걱정하다, 초조해하다	① ③	② ④
1234	**concern** [kənsə́ːrn]	① ③	② ④		걱정하게 하다	① ③	② ④
1235	**condition** [kəndíʃən]	① ③	② ④		상태	① ③	② ④
1236	**perfect** [pə́ːrfikt]	① ③	② ④		완벽한	① ③	② ④
1237	**treat** [triːt]	① ③	② ④		취급하다, 대하다, 다루다	① ③	② ④
1238	**honor** [ánər / ɔ́n-]	① ③	② ④		명예, 영예, 존경하다	① ③	② ④
1239	**cheer** [tʃiər]	① ③	② ④		환호하다, 격려하다	① ③	② ④
1240	**brave** [breiv]	① ③	② ④		용감한	① ③	② ④

1231. 찾다	1232. 아마도
1233. 걱정하다	1234. 걱정하게 하다
1235. 상태	1236. 완벽한
1237. 취급하다	1238. 명예
1239. 환호(하다)	1240. 용감한

✓ STEP 1

1241 ① ② ③ ④ ⑤

무엇을 제안했어?
서재에서 스트라빈스키의 음악을 들을 것을 제안했어
☺ 제안하다 ⇨ 서제스트

1242 ① ② ③ ④ ⑤

저 마술사의 묘기는 뭐지?
트릭(속임수)을 쓰는 거야
☺ 묘기 ⇨ 트릭

1243 ① ② ③ ④ ⑤

그녀가 마법에 걸렸어?
매서운 직장 상사가 그녀를 개구리로 만들었대
☺ 마법 ⇨ 매직

1244 ① ② ③ ④ ⑤

닮은 길을 계속 돌면서 하는 말은?
씨~ 멀어
☺ 닮은 ⇨ 시멀럴-

1245 ① ② ③ ④ ⑤

두 마네킹의 차이점은
하나는 뒤가 퍼랬어
☺ 차이점 ⇨ 디퍼런스

1246 ① ② ③ ④ ⑤

도둑이 어떤 흔적을 남겼어?
'X' 마크를 남겼데
☺ 흔적 ⇨ 말-크

1247 ① ② ③ ④ ⑤

정확하게 가격이 맞아야?
거래도 성사돼
☺ 정확한 ⇨ 커렉트

1248 ① ② ③ ④ ⑤

과제를 생각보다 빨리 끝마쳤네?
컴퓨터로 문제가 풀리는 턱(덕)에 빨리 끝냈죠
☺ 끝마치다 ⇨ 컴플리-트

1249 ① ② ③ ④ ⑤

1센트를 제하고 다 가져
익~ 1센트 제하고 다 가지라고?
☺ ~를 제외하고 ⇨ 익셉트

1250 ① ② ③ ④ ⑤

이번에 확실히 원하는 게 뭐니?
설날에는 틀림없이 리어카를 사 줘
☺ 확실히 ⇨ 설-턴리

1241 제안하다	1242 묘기
 ① ② ③ ④ ⑤	① ② ③ ④ ⑤

1243 마법	1244 닮은
① ② ③ ④ ⑤	 ① ② ③ ④ ⑤

1245 차이점	1246 흔적
① ② ③ ④ ⑤	① ② ③ ④ ⑤

1247 정확한	1248 끝마치다
 ① ② ③ ④ ⑤	과제 끝! ① ② ③ ④ ⑤

1249 ~를 제외하고	1250 확실히
 ① ② ③ ④ ⑤	확실히 ① ② ③ ④ ⑤

1241	**suggest** [səgdʒést]	① ② ③ ④		제안하다, 권하다, 암시하다	① ② ③ ④
1242	**trick** [trik]	① ② ③ ④		묘기, 장난	① ② ③ ④
1243	**magic** [mǽdʒik]	① ② ③ ④		마법	① ② ③ ④
1244	**similar** [símələːr]	① ② ③ ④		닮은, 비슷한	① ② ③ ④
1245	**difference** [dífərəns]	① ② ③ ④		차이점, 다름	① ② ③ ④
1246	**mark** [mɑːrk]	① ② ③ ④		흔적, 표, 기호, 채점하다	① ② ③ ④
1247	**correct** [kərékt]	① ② ③ ④		정확한, 맞는, 옳은, 교정하다	① ② ③ ④
1248	**complete** [kəmplíːt]	① ② ③ ④		끝마치다, 완성하다	① ② ③ ④
1249	**except** [iksépt]	① ② ③ ④		~를 제하고는, ~를 뺀	① ② ③ ④
1250	**certainly** [sə́ːrtənli]	① ② ③ ④		확실히	① ② ③ ④

1241. 제안하다	**1242.** 묘기
1243. 마법	**1244.** 닮은
1245. 차이점	**1246.** 흔적
1247. 정확한	**1248.** 끝마치다
1249. ~를 제외하고	**1250.** 확실히

✓ STEP 1

1251 ① ② ③ ④ ⑤

프로선수가 항의하는 것은?
프로선수가 항의하는 것은 도핑테스트!
☺ 항의하다 ⇨ 프러테스트

1252 ① ② ③ ④ ⑤

핵 발사 장치에 손을 대었니?
누가 리얼하게 만들었는지 모르지만 안 만졌어요
☺ 핵 ⇨ 뉴-클리얼

1253 ① ② ③ ④ ⑤

비행기를 어디서 누가 만들었지?
풀밭에서 라이트 형제가 만들었어
☺ 비행기 ⇨ 플라이트

1254 ① ② ③ ④ ⑤

출석 확인하는데~
여태 도착 안 했어?
☺ 출석(하다) ⇨ 어텐드

1255 ① ② ③ ④ ⑤

국제적인 샤넬 제품을 어디서 팔고 있어?
인터넷에 샤넬 제품을 팔고 있어
☺ 국제적인 ⇨ 인터내셔널

1256 ① ② ③ ④ ⑤

규칙적으로 하는 훈련방법은?
오늘도 구르고 내일도 굴러가면서 훈련 받아
☺ 규칙적인 ⇨ 레기얼럴-

1257 ① ② ③ ④ ⑤

이번 축제 기간에 너는 뭘 할 거니?
피리를 어디에선가 불 생각이야
☺ 기간 ⇨ 피어리어드

1258 ① ② ③ ④ ⑤

스트레칭 할 때 힘주면 어떻게 돼?
스트레칭할 때 힘주면 쓰러져
☺ 힘 ⇨ 스트렝쓰

1259 ① ② ③ ④ ⑤

저 아이는 누가 낳은 아이야?
레이(Ray)부인이
☺ 낳다 ⇨ 레이

1260 ① ② ③ ④ ⑤

판자를 이용해 만든
보드로 썰매를 타
☺ 판자 ⇨ 볼-드

1251	항의하다	① ② ③ ④ ⑤
1252	핵	① ② ③ ④ ⑤
1253	비행기	① ② ③ ④ ⑤
1254	출석(하다)	① ② ③ ④ ⑤
1255	국제적인	① ② ③ ④ ⑤
1256	규칙적인	① ② ③ ④ ⑤
1257	기간	① ② ③ ④ ⑤
1258	힘	① ② ③ ④ ⑤
1259	낳다	① ② ③ ④ ⑤
1260	판자	① ② ③ ④ ⑤

1251	protest [prətést]	①	②		항의하다, 싸우다	①	②
		③	④			③	④
1252	nuclear [njúːkliəːr]	①	②		핵, 핵무기	①	②
		③	④			③	④
1253	flight [flait]	①	②		비행기	①	②
		③	④			③	④
1254	attend [əténd]	①	②		출석, 참석	①	②
		③	④			③	④
1255	international [ìntərnǽʃənəl]	①	②		국제적인, 국제	①	②
		③	④			③	④
1256	regular [régjələːr]	①	②		규칙적인, 정기적인	①	②
		③	④			③	④
1257	period [píəriəd]	①	②		기간, 시기	①	②
		③	④			③	④
1258	strength [streŋkθ]	①	②		힘	①	②
		③	④			③	④
1259	lay [lei]	①	②		낳다, 눕히다	①	②
		③	④			③	④
1260	board [bɔːrd]	①	②		판자, 판	①	②
		③	④			③	④

1251.	항의하다	**1252.**	핵
1253.	비행기	**1254.**	출석(하다)
1255.	국제적인	**1256.**	규칙적인
1257.	기간	**1258.**	힘
1259.	낳다	**1260.**	판자

✓ STEP 1

1261 ① ② ③ ④ ⑤

단정하게 **묶어야하는** 것은?
넥타이
☺ 묶다 ⇨ 타이

1262 ① ② ③ ④ ⑤

막대기처럼 생긴 것은?
치즈로 만든 스틱이야
☺ 막대기 ⇨ 스틱

1263 ① ② ③ ④ ⑤

왜 내 보석을 거의 못 보니?
니가 쥬얼리를 해도 티가 안 나서 그래
☺ 거의 ⇨ 니얼리

1264 ① ② ③ ④ ⑤

첫인상의 4분의 1을 차지하는 게 뭐야?
코털이야
☺ 4분의 1 ⇨ 쿼-털

1265 ① ② ③ ④ ⑤

어떻게 접근하지?
벽 뒤에 숨었다가 앞으로 치고 나오면 돼!
☺ 접근하다 ⇨ 어프로우취

1266 ① ② ③ ④ ⑤

어디에 핸들을 달지?
자동 휠체어에 달아
☺ 핸들 ⇨ 위-일

1267 ① ② ③ ④ ⑤

그 가수는 뭘 몰랐어?
무지개는 날씨가 선선할 때 뜬다는 것을
☺ 가수 ⇨ 뮤-지션

1268 ① ② ③ ④ ⑤

악기는 몇 개나 만들 거야?
인(in)에 구멍 뚫어 많은 악기를 만들 거야
☺ 악기 ⇨ 인스트러먼트

1269 ① ② ③ ④ ⑤

이 옷 다시 만들어~
내가 만든 옷이 크니? 에잇!
☺ 만들다 ⇨ 크리에이트

1270 ① ② ③ ④ ⑤

지구 어디든지 볼 수 있는 사이트는?
구글 어스를 검색하면 돼
☺ 지구 ⇨ 얼-쓰

33

1261	묶다	

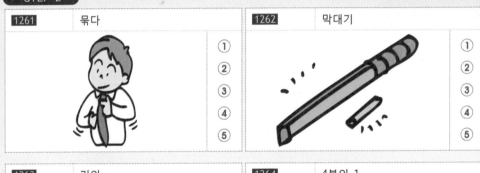

① ② ③ ④ ⑤

1262	막대기	

① ② ③ ④ ⑤

1263	거의	

거의

① ② ③ ④ ⑤

1264	4분의 1	

① ② ③ ④ ⑤

1265	접근하다	

① ② ③ ④ ⑤

1266	핸들	

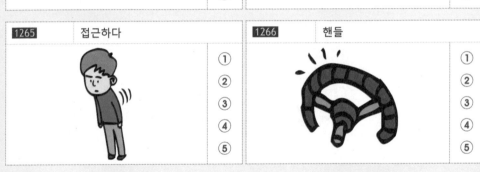

① ② ③ ④ ⑤

1267	가수	

① ② ③ ④ ⑤

1268	악기	

① ② ③ ④ ⑤

1269	만들다	

① ② ③ ④ ⑤

1270	지구	

① ② ③ ④ ⑤

No.	Word	① ② ③ ④		뜻	① ② ③ ④
1261	**tie** [tai]	① ② ③ ④		묶다, 매다	① ② ③ ④
1262	**stick** [stik]	① ② ③ ④		막대, 꽂다, 달라붙다	① ② ③ ④
1263	**nearly** [níərli]	① ② ③ ④		거의	① ② ③ ④
1264	**quarter** [kwɔ́ːrtər]	① ② ③ ④		4분의 1, 15분	① ② ③ ④
1265	**approach** [əpróutʃ]	① ② ③ ④		접근하다, 다가오다	① ② ③ ④
1266	**wheel** [hwiːl]	① ② ③ ④		핸들, 바퀴	① ② ③ ④
1267	**musician** [mjuːzíʃ-ən]	① ② ③ ④		가수, 음악가	① ② ③ ④
1268	**instrument** [ínstrəmənt]	① ② ③ ④		악기	① ② ③ ④
1269	**create** [kriéit]	① ② ③ ④		만들다, 창조하다	① ② ③ ④
1270	**earth** [əːrθ]	① ② ③ ④		지구	① ② ③ ④

1261. 묶다

1262. 막대기

1263. 거의

1264. 4분의 1

1265. 접근하다

1266. 핸들

1267. 가수

1268. 악기

1269. 만들다

1270. 지구

✓ STEP 1

1271 ① ② ③ ④ ⑤

정신을 맑게 해 준 게 뭐야?
숲에서 들려오는 피리소리
☺ 정신 ⇨ 스피리트

1272 ① ② ③ ④ ⑤

원조 요청서류는 왔어?
아프리카에서 리포트를 보내왔어
☺ 원조 ⇨ 서폴트

1273 ① ② ③ ④ ⑤

네가 의지하는 것은?
내 뒤에 있는 팬들
☺ 의지하다 ⇨ 디펜드

1274 ① ② ③ ④ ⑤

이 카라멜 녹일 거야?
이 카라멜 뜨거운 물에 녹일 거야
☺ 녹이다 ⇨ 멜트

1275 ① ② ③ ④ ⑤

체온이 왜 올라갔어?
중요한 공연의 템포(때, 시간)를 놓쳐 속상해서
☺ 체온 ⇨ 템펄-철

1276 ① ② ③ ④ ⑤

누구를 빤히 쳐다보고 있어?
스페인에서 태어난 내 조카
☺ 빤히 쳐다보다 ⇨ 스태얼

1277 ① ② ③ ④ ⑤

사장님이 동의했니?
어~ 그리하라고 했어
☺ 동의하다 ⇨ 어그리-

1278 ① ② ③ ④ ⑤

달리기에 참가 하는 조는?
3조인 학생들!
☺ 참가하다 ⇨ 조인

1279 ① ② ③ ④ ⑤

매우 기뻐하며 노래를 부르던데?
뒤 라이트가 멋지게 빛나서 흥이 나서 그래
☺ 기뻐하다 ⇨ 딜라이트

1280 ① ② ③ ④ ⑤

난 네가 업어줘야 할 가치 있는 사람이야
별로 업만한 가치가 없어 보이는데요
☺ 가치 있는 ⇨ 밸류-어벌

1271 정신	① ② ③ ④ ⑤	1272 원조	① ② ③ ④ ⑤
1273 의지하다	① ② ③ ④ ⑤	1274 녹이다	① ② ③ ④ ⑤
1275 체온	① ② ③ ④ ⑤	1276 빤히 쳐다보다	① ② ③ ④ ⑤
1277 동의하다	① ② ③ ④ ⑤	1278 참가하다	① ② ③ ④ ⑤
1279 기뻐하다	① ② ③ ④ ⑤	1280 가치 있는	① ② ③ ④ ⑤

		①	②			①	②
1271	**spirit** [spírit]	③	④		정신, 영혼	③	④
1272	**support** [səpɔ́:rt]	①	②		원조, 부양하다, 지지하다	①	②
		③	④			③	④
1273	**depend** [dipénd]	①	②		의지하다, ~에 달려있다	①	②
		③	④			③	④
1274	**melt** [melt]	①	②		녹이다, 녹다	①	②
		③	④			③	④
1275	**temperature** [témp-ərətʃuə:r]	①	②		체온, 기온	①	②
		③	④			③	④
1276	**stare** [stɛə:r]	①	②		빤히 쳐다보다, 응시하다	①	②
		③	④			③	④
1277	**agree** [əgrí:]	①	②		동의하다	①	②
		③	④			③	④
1278	**join** [dʒɔin]	①	②		참가하다	①	②
		③	④			③	④
1279	**delight** [diláit]	①	②		기뻐하다	①	②
		③	④			③	④
1280	**valuable** [vǽlju:əbəl, -ljəbəl]	①	②		가치 있는	①	②
		③	④			③	④

1271. 정신	**1272.** 원조
1273. 의지하다	**1274.** 녹이다
1275. 체온	**1276.** 빤히 쳐다보다
1277. 동의하다	**1278.** 참가하다
1279. 기뻐하다	**1280.** 가치 있는

✓ STEP 1

1281 ① ② ③ ④ ⑤

운동선수가?
애 떨어트릴 뻔 했어
☺ 운동선수 ⇨ 애틀리-트

1282 ① ② ③ ④ ⑤

작가가 뭐라고 말했니?
"오 재떨이주세요."
☺ 작가 ⇨ 오-털

1283 ① ② ③ ④ ⑤

가정부~
메리가 타 준 레몬에이드는 정말 맛있어
☺ 가정부 ⇨ 메이드

1284 ① ② ③ ④ ⑤

그 치과의사가~
있는 덴 어디나 티끌하나 없어야 해서 간호사가 스트레스 받아
☺ 치과의사 ⇨ 덴티스트

1285 ① ② ③ ④ ⑤

저 도둑은 누구야?
나의 라이벌이야
☺ 도둑 ⇨ 라버

1286 ① ② ③ ④ ⑤

목수가 가장 좋아하는 가수는?
카펜터스
☺ 목수 ⇨ 카-펜털

1287 ① ② ③ ④ ⑤

조카가 지금 뭐 하는 거니?
내 피를 뽑으려 해
☺ 조카 ⇨ 네퓨-

1288 ① ② ③ ④ ⑤

사람들이 좋아하는 자동차 브랜드는?
폭스바겐이야
☺ 사람들 ⇨ 포욱스

1289 ① ② ③ ④ ⑤

조상님께 인사 했니?
앤~ 세수도 안하고 할 수 없잖아
☺ 조상 ⇨ 앤세스털

1290 ① ② ③ ④ ⑤

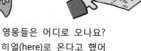

영웅들은 어디로 오나요?
히얼(here)로 온다고 했어
☺ 영웅 ⇨ 히-로우

1281	운동선수		1282	작가	

1281 운동선수 ① ② ③ ④ ⑤

1282 작가 ① ② ③ ④ ⑤

1283 가정부 ① ② ③ ④ ⑤

1284 치과의사 ① ② ③ ④ ⑤

1285 도둑 ① ② ③ ④ ⑤

1286 목수 ① ② ③ ④ ⑤

1287 조카 ① ② ③ ④ ⑤

1288 사람들 ① ② ③ ④ ⑤

1289 조상 ① ② ③ ④ ⑤

1290 영웅 ① ② ③ ④ ⑤

1281	athlete [ǽθəliːt]	① ② ③ ④		운동선수	① ② ③ ④
1282	author [ɔ́ːθəər]	① ② ③ ④		작가	① ② ③ ④
1283	maid [meid]	① ② ③ ④		가정부, 하녀	① ② ③ ④
1284	dentist [déntist]	① ② ③ ④		치과의사	① ② ③ ④
1285	robber [rʌ́bəːr / rɔ́bəːr]	① ② ③ ④		도둑, 강도	① ② ③ ④
1286	carpenter [kɑ́ːrpəntər]	① ② ③ ④		목수	① ② ③ ④
1287	nephew [néfjuː / névjuː]	① ② ③ ④		조카	① ② ③ ④
1288	folks [fouks]	① ② ③ ④		사람들, 가족	① ② ③ ④
1289	ancestor [ǽnsestər, -səs-]	① ② ③ ④		조상	① ② ③ ④
1290	hero [híːrou, híər-]	① ② ③ ④		영웅	① ② ③ ④

1281. 운동선수	**1282.** 작가
1283. 가정부	**1284.** 치과의사
1285. 도둑	**1286.** 목수
1287. 조카	**1288.** 사람들
1289. 조상	**1290.** 영웅

✓ STEP 1

1291 ① ② ③ ④ ⑤

챔피언은?
챔피언
☺ 챔피언 ⇨ 챔피언

1292 ① ② ③ ④ ⑤

성인들도
애들과 같은 면이 있어
☺ 성인 ⇨ 어덜트

1293 ① ② ③ ④ ⑤

강아지가 혀로 핥고 있는 것은 뭐야?
텅 빈 밥그릇이야
☺ 혀 ⇨ 텅

1294 ① ② ③ ④ ⑤

너 폐 건강한 거야?
다른 사람보다 롱(long)해서 건강한 편이야
☺ 폐 ⇨ 렁

1295 ① ② ③ ④ ⑤

그녀의 아름다운 살을 어떻게 봤니?
그냥, 옷 단추를 풀래! 하며 옷을 벗었어
☺ 살 ⇨ 플레쉬

1296 ① ② ③ ④ ⑤

라이더는 가죽 자켓을 꼭 입어야 하니?
패션 리더니깐 필수 아이템이지!
☺ 가죽 ⇨ 레덜

1297 ① ② ③ ④ ⑤

모피를 어떻게 말리면 될까?
잘 펴서 말리면 돼
☺ 모피 ⇨ 펄-

1298 ① ② ③ ④ ⑤

깃털이 옷에 단단히 박혔네?
형에게 빼달라고 하자!
☺ 깃털 ⇨ 페덜

1299 ① ② ③ ④ ⑤

쇠고기로 만든 요리는?
비프스테이크
☺ 쇠고기 ⇨ 비-프

1300 ① ② ③ ④ ⑤

매점에 누가 있니?
매점 카페에 테리가 앉아 있어
☺ 매점 ⇨ 캐피티어리어

1291	챔피언

① ② ③ ④ ⑤

1292	성인

① ② ③ ④ ⑤

1293	혀

① ② ③ ④ ⑤

1294	폐

① ② ③ ④ ⑤

1295	살

① ② ③ ④ ⑤

1296	가죽

① ② ③ ④ ⑤

1297	모피

① ② ③ ④ ⑤

1298	깃털

① ② ③ ④ ⑤

1299	쇠고기

① ② ③ ④ ⑤

1300	매점

① ② ③ ④ ⑤

1291	champion [tʃǽmpiən]	① ② ③ ④		챔피언	① ② ③ ④
1292	adult [ədʌ́lt, ǽdʌlt]	① ② ③ ④		성인, 어른	① ② ③ ④
1293	tongue [tʌŋ]	① ② ③ ④		혀, 언어	① ② ③ ④
1294	lung [lʌŋ]	① ② ③ ④		폐	① ② ③ ④
1295	flesh [fleʃ]	① ② ③ ④		살, 육체	① ② ③ ④
1296	leather [léðəːr]	① ② ③ ④		가죽	① ② ③ ④
1297	fur [fəːr]	① ② ③ ④		모피, 털	① ② ③ ④
1298	feather [féðər]	① ② ③ ④		깃털	① ② ③ ④
1299	beef [biːf]	① ② ③ ④		쇠고기	① ② ③ ④
1300	cafeteria [kæ̀fitíəriə]	① ② ③ ④		매점	① ② ③ ④

1291.  챔피언	**1292.** 성인
1293. 혀	**1294.** 폐
1295. 살	**1296.** 가죽
1297. 모피	**1298.** 깃털
1299. 쇠고기	**1300.** 매점

✓ STEP 1

1301	① ② ③ ④ ⑤

축제 때 누가 오기로 했지?
피아니스트가 오기로 했어
☺ 축제 ⇨ 피-스트

1302	① ② ③ ④ ⑤

서비스 품목에 이것도 들어가니?
이 곰돌이 아이템은 안 들어가
☺ 품목 ⇨ 아이템

1303	① ② ③ ④ ⑤

이 **지갑** 어디서 났니?
월스트릿에서 주웠어
☺ 지갑 ⇨ 왈리트

1304	① ② ③ ④ ⑤

지우개를 가져간 사람은?
이라이자(캔디만화)
☺ 지우개 ⇨ 이레이절

1305	① ② ③ ④ ⑤

봉투 가져와~
앤(애인)이 코를 벌렁 거리면서 가지러 갔어요
☺ 봉투 ⇨ 엔벨럽

1306	① ② ③ ④ ⑤

항아리 안에 뭐가 있니?
한번 잘 찾아볼게
☺ 항아리 ⇨ 잘-

1307	① ② ③ ④ ⑤

꼬리표를 뭐라고 해?
라벨
☺ 꼬리표 ⇨ 레이벌

1308	① ② ③ ④ ⑤

터널에 뭘 들고 들어갔어?
튜브
☺ 터널 ⇨ 튜-브

1309	① ② ③ ④ ⑤

저 **횃불**은 뭐지?
톨게이트에서 취한 남자가 들고 왔어
☺ 횃불 ⇨ 톨-취

1310	① ② ③ ④ ⑤

폭탄이?
밤에 터졌어
☺ 폭탄 ⇨ 밤

1301 축제	① ② ③ ④ ⑤

1302 품목	① ② ③ ④ ⑤

1303 지갑	① ② ③ ④ ⑤

1304 지우개	① ② ③ ④ ⑤

1305 봉투	① ② ③ ④ ⑤

1306 항아리	① ② ③ ④ ⑤

1307 꼬리표	① ② ③ ④ ⑤

1308 터널	① ② ③ ④ ⑤

1309 횃불	① ② ③ ④ ⑤

1310 폭탄	① ② ③ ④ ⑤

1301	feast [fiːst]	①	②				축제, 대접, 잔치	①	②
		③	④					③	④
1302	item [áitəm, -tem]	①	②				품목	①	②
		③	④					③	④
1303	wallet [wálit / wɔ́l-]	①	②				지갑	①	②
		③	④					③	④
1304	eraser [iréisər / -zər]	①	②				지우개	①	②
		③	④					③	④
1305	envelop [envéləp]	①	②				(편지)봉투	①	②
		③	④					③	④
1306	jar [dʒɑːr]	①	②				항아리, 병	①	②
		③	④					③	④
1307	label [léibəl]	①	②				꼬리표, 라벨, 레테르, 딱지, 쪽지	①	②
		③	④					③	④
1308	tube [tjuːb]	①	②				터널, 관, 튜브	①	②
		③	④					③	④
1309	torch [tɔːrtʃ]	①	②				횃불	①	②
		③	④					③	④
1310	bomb [bɑm / bɔm]	①	②				폭탄	①	②
		③	④					③	④

1301. 축제

1302. 품목

1303. 지갑

1304. 지우개

1305. 봉투

1306. 항아리

1307. 꼬리표

1308. 터널

1309. 햇불

1310. 폭탄

✓ STEP 1

1311 ① ② ③ ④ ⑤

번쩍이는 불빛은 뭐지?
후래쉬로 비춘 동물 눈이야
☺ 번쩍이다 ⇨ 플래쉬

1312 ① ② ③ ④ ⑤

거품이 어떻게 일어났어?
버블 버블 일어났어
☺ 거품 ⇨ 버벌

1313 ① ② ③ ④ ⑤

호른 악기는 무엇이 특징이야?
혼이 담긴 음악을 들을 수 있어
☺ 호른 ⇨ 호온

1314 ① ② ③ ④ ⑤

짐을 싣는 장면을 어디서 촬영해?
로드(road), 길에서
☺ 짐을 싣다 ⇨ 로우드

1315 ① ② ③ ④ ⑤

다리에 혹이 난 선수 괜찮니?
슬럼프에 빠졌어요
☺ 혹 ⇨ 럼프

1316 ① ② ③ ④ ⑤

왕관 그림이 그려진 과자회사는?
크라운 제과
☺ 왕관 ⇨ 크라운

1317 ① ② ③ ④ ⑤

세탁물을 어떻게 해?
론에게 시켜서 엄마에게 드리면 돼
☺ 세탁물 ⇨ 란-드리

1318 ① ② ③ ④ ⑤

이건 웬 바지야?
울트라맨이 우리에게 절하고 주고 간 거야
☺ 바지 ⇨ 트라우절-즈

1319 ① ② ③ ④ ⑤

이 담요는 누가 쓰던 거야?
카사블랑카(인명)가 남편에게 키스를 하면서 쓰던 담요야
☺ 담요 ⇨ 블랭키트

1320 ① ② ③ ④ ⑤

우리의 관습은?
인심이 커서, 덤을 주는 것
☺ 관습 ⇨ 커스텀

1311	번쩍이다

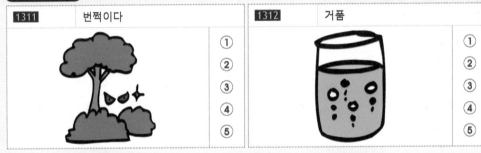

① ② ③ ④ ⑤

1312	거품

① ② ③ ④ ⑤

1313	호른

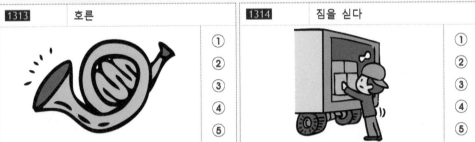

① ② ③ ④ ⑤

1314	짐을 싣다

① ② ③ ④ ⑤

1315	혹

① ② ③ ④ ⑤

1316	왕관

① ② ③ ④ ⑤

1317	세탁물

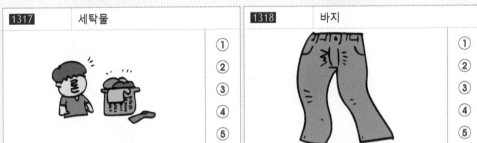

① ② ③ ④ ⑤

1318	바지

① ② ③ ④ ⑤

1319	담요

① ② ③ ④ ⑤

1320	관습

① ② ③ ④ ⑤

No.	Word	①	②		Meaning	①	②
1311	**flash** [flæʃ]	①	②		번쩍이다	①	②
		③	④			③	④
1312	**bubble** [bʌ́bəl]	①	②		거품	①	②
		③	④			③	④
1313	**horn** [hɔːrn]	①	②		뿔, 호른(악기)	①	②
		③	④			③	④
1314	**load** [loud]	①	②		짐을 싣다, 부담	①	②
		③	④			③	④
1315	**lump** [lʌmp]	①	②		혹, 덩어리, 종기	①	②
		③	④			③	④
1316	**crown** [kraun]	①	②		왕관	①	②
		③	④			③	④
1317	**laundry** [lɔ́ːndri, láːn-]	①	②		세탁물, 빨래	①	②
		③	④			③	④
1318	**trousers** [tráuzəːrz]	①	②		바지	①	②
		③	④			③	④
1319	**blanket** [blǽŋkit]	①	②		담요	①	②
		③	④			③	④
1320	**custom** [kʌ́stəm]	①	②		관습	①	②
		③	④			③	④

1319 카사블랑카[casablanca] 모로코 왕국의 대서양 연안에 있는 항만 도시/ 위 예문에서는 인명으로 쓰였음

1311.  번쩍이다	**1312.** 거품
1313. 호른	**1314.** 짐을 싣다
1315. 혹	**1316.** 왕관
1317. 세탁물	**1318.** 바지
1319. 담요	**1320.** 관습

✓ STEP 1

1321
① ② ③ ④ ⑤

저 사람 교양 없지?
말투가 거칠어
☺ 교양, 문화 ⇨ 컬쳐

1322
① ② ③ ④ ⑤

남친이 종교에 빠져버렸어?
종교 때문에 닐(너를) 잊은 그 사람과 헤어져!
☺ 종교 ⇨ 릴리전

1323
① ② ③ ④ ⑤

대학교 운동장이 넓어
유리, 너 어제 거기서 벌섰지?
☺ 대학교 ⇨ 유-너벌서티

1324
① ② ③ ④ ⑤

교내 합창대회는 어디서 했어?
대학 캠퍼스에서
☺ 교내 ⇨ 캠퍼스

1325
① ② ③ ④ ⑤

범죄 집중단속 기간에 도둑은 어떻게 해?
손을 텀
☺ 기간 ⇨ 터-엄

1326
① ② ③ ④ ⑤

방학 일정이 어떻게 돼?
스케줄은 학교 일정에 따라 정해 져
☺ 일정 ⇨ 스케줄

1327
① ② ③ ④ ⑤

왜 그녀는 달력을 붙잡고 있지?
헬렌 캘러는 달력도 보이지 않아서 덜덜 떨고 있는 거야
☺ 달력 ⇨ 캘런덜

1328
① ② ③ ④ ⑤

우주박람회에서 학생들이 뭐하고 있지?
유니폼 입고 벌서고 있네!
☺ 우주 ⇨ 유-니벌스

1329
① ② ③ ④ ⑤

행성에서 온 애는?
플래너트야!
☺ 행성 ⇨ 플래너트

1330
① ② ③ ④ ⑤

실험을
이 숲에서 하려면 특별히 허가가 있어야 해
☺ 실험 ⇨ 익스페러먼트

1321	교양, 문화	① ② ③ ④ ⑤

1322	종교	① ② ③ ④ ⑤

1323	대학교	① ② ③ ④ ⑤

1324	교내	① ② ③ ④ ⑤

1325	기간	① ② ③ ④ ⑤

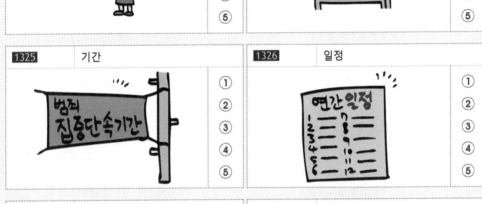

1326	일정	① ② ③ ④ ⑤

1327	달력	① ② ③ ④ ⑤

1328	우주	① ② ③ ④ ⑤

1329	행성	① ② ③ ④ ⑤

1330	실험	① ② ③ ④ ⑤

1321	culture [kʌ́ltʃər]	①	②		교양, 문화	①	②
		③	④			③	④
1322	religion [rilídʒ-ən]	①	②		종교	①	②
		③	④			③	④
1323	university [jùːnəvə́ːrsəti]	①	②		대학교	①	②
		③	④			③	④
1324	campus [kǽmpəs]	①	②		교내	①	②
		③	④			③	④
1325	term [təːrm]	①	②		기간, 용어, 학기	①	②
		③	④			③	④
1326	schedule [skédʒu(ː)l / ʃédjuːl]	①	②		일정	①	②
		③	④			③	④
1327	calendar [kǽləndər]	①	②		달력	①	②
		③	④			③	④
1328	universe [júːnəvə̀ːrs]	①	②		우주, 세계	①	②
		③	④			③	④
1329	planet [plǽnət]	①	②		행성, 혹성	①	②
		③	④			③	④
1330	experiment [ikspérəmənt]	①	②		실험	①	②
		③	④			③	④

1321.	**1322.**
교양, 문화	종교
1323.	**1324.**
대학교	교내
1325.	**1326.**
기간	일정
1327.	**1328.**
달력	우주
1329.	**1330.**
행성	실험

✓ STEP 1

1331　① ② ③ ④ ⑤

실험실의 발전을 위해?
내 돈 벌어 털어 넣으리
☺ 실험실 ⇨ 레버러토-리

1332　① ② ③ ④ ⑤

그 연구과제는 다 끝냈어?
그 프로젝트는 너무 어려워 아직도 하고 있어
☺ 연구 과제 ⇨ 프러젝트

1333　① ② ③ ④ ⑤

원재료 가공 처리하는데 뛰어난 사람은?
프로인 세스씨!
☺ 가공 처리하다 ⇨ 프라세스

1334　① ② ③ ④ ⑤

내 구역은 어디지?
이 섹션이야!
☺ 구역 ⇨ 섹션

1335　① ② ③ ④ ⑤

요즘 흐름은?
고런 (말)투로 말 하는 거야
☺ 흐름, 현재의 ⇨ 커-런트

1336　① ② ③ ④ ⑤

사이트를 서로 연결하는 거?
링크!
☺ 연결 ⇨ 링크

1337　① ② ③ ④ ⑤

안개 속에서 요정이 뭐하고 있어?
포근히 자고 있어
☺ 안개 ⇨ 포그

1338　① ② ③ ④ ⑤

소나기로 맞고 젖어서 집에 가서 뭐 했어?
샤워를 했어
☺ 소나기 ⇨ 샤우얼

1339　① ② ③ ④ ⑤

일기예보는 몇 명이서 하니?
포(four, 네명)의 기상 캐스터가 해
☺ 일기예보 ⇨ 폴-캐스트

1340　① ② ③ ④ ⑤

학위는 따야할 것 아냐!
너 성적 디(D) 만 그릴래??
☺ 학위 ⇨ 디그리-

1331 실험실	① ② ③ ④ ⑤	1332 연구 과제	① ② ③ ④ ⑤
1333 가공 처리하다	① ② ③ ④ ⑤	1334 구역	① ② ③ ④ ⑤
1335 흐름, 현재의	① ② ③ ④ ⑤	1336 연결	① ② ③ ④ ⑤
1337 안개	① ② ③ ④ ⑤	1338 소나기	① ② ③ ④ ⑤
1339 일기예보	① ② ③ ④ ⑤	1340 학위	① ② ③ ④ ⑤

1331	laboratory [læb-ərətɔ̀:ri / ləbɔ́rət-əri]	① ② ③ ④		실험실, 연구실	① ② ③ ④
1332	project [prədʒékt]	① ② ③ ④		연구과제	① ② ③ ④
1333	process [práses / próu-]	① ② ③ ④		가공 처리하다, 과정, 진행	① ② ③ ④
1334	section [sékʃ-ən]	① ② ③ ④		구역, 부분	① ② ③ ④
1335	current [kə́:rənt, kʌ́r-]	① ② ③ ④		흐름, 현재의	① ② ③ ④
1336	link [liŋk]	① ② ③ ④		연결	① ② ③ ④
1337	fog [fɔ(:)g, fɑg]	① ② ③ ④		안개	① ② ③ ④
1338	shower [ʃáuə:r]	① ② ③ ④		소나기, 샤워	① ② ③ ④
1339	forecast [fɔ́:rkæst, -kɑ̀:st]	① ② ③ ④		일기예보	① ② ③ ④
1340	degree [digrí:]	① ② ③ ④		학위, 도, 정도, 등급	① ② ③ ④

1331. 실험실

1332. 연구 과제

1333. 가공 처리하다

1334. 구역

1335. 흐름, 현재의

1336. 연결

1337. 안개

1338. 소나기

1339. 일기예보

1340. 학위

✓ STEP 1

1341 ① ② ③ ④ ⑤

새벽이 되자?
동이 트네
☺ 새벽 ⇨ 도온

1342 ① ② ③ ④ ⑤

자정이 지나서 뭐했니?
미드(미국드라마)를 보다가 나이트 클럽에 갔어
☺ 자정 ⇨ 미드나이트

1343 ① ② ③ ④ ⑤

지구에서 가장 넓은 밀림지대는?
아마존
☺ 지대 ⇨ 조운

1344 ① ② ③ ④ ⑤

계곡에서 춤추는 사람들은 누구야?
밸리댄서들이야
☺ 계곡 ⇨ 밸리

1345 ① ② ③ ④ ⑤

경계에서 어떻게 해?
국경 쪽은 아예 쳐다보덜 말아라
☺ 경계 ⇨ 볼-덜

1346 ① ② ③ ④ ⑤

영국 옆 섬나라는?
아일랜드(Ireland)
☺ 섬 ⇨ 아일런드

1347 ① ② ③ ④ ⑤

운하에 걸린 배를~
꺼낼까?
☺ 운하 ⇨ 커낼

1348 ① ② ③ ④ ⑤

밀림 습지대를 뭐라고 해
정글
☺ 밀림습지대 ⇨ 정글

1349 ① ② ③ ④ ⑤

사막에서 뭘 먹어
디저트(dessert)
☺ 사막 ⇨ 데절-트

1350 ① ② ③ ④ ⑤

수평선 위로 떠오르는 해를 보며 뭐랬어?
허라! 이전에는 캄캄하더니!
☺ 수평선 ⇨ 허라이전

| 1341 | 새벽 | ① ② ③ ④ ⑤ | 1342 | 자정 | ① ② ③ ④ ⑤ |

| 1343 | 지대 | ① ② ③ ④ ⑤ | 1344 | 계곡 | ① ② ③ ④ ⑤ |

| 1345 | 경계 | ① ② ③ ④ ⑤ | 1346 | 섬 | ① ② ③ ④ ⑤ |

| 1347 | 운하 | ① ② ③ ④ ⑤ | 1348 | 밀림습지대 | ① ② ③ ④ ⑤ |

| 1349 | 사막 | ① ② ③ ④ ⑤ | 1350 | 수평선 | ① ② ③ ④ ⑤ |

1341	dawn [dɔːn]	①	②		새벽	①	②
		③	④			③	④
1342	midnight [mídnàit]	①	②		자정	①	②
		③	④			③	④
1343	zone [zoun]	①	②		지대, 구역	①	②
		③	④			③	④
1344	valley [væli]	①	②		계곡	①	②
		③	④			③	④
1345	border [bɔ́ːrdər]	①	②		국경, 경계	①	②
		③	④			③	④
1346	island [áilənd]	①	②		섬	①	②
		③	④			③	④
1347	canal [kənǽl]	①	②		운하, 수로	①	②
		③	④			③	④
1348	jungle [dʒʌ́ŋgl]	①	②		정글, 밀림습지(대)	①	②
		③	④			③	④
1349	desert [dézərt]	①	②		사막	①	②
		③	④			③	④
1350	horizon [həráizən]	①	②		수평선	①	②
		③	④			③	④

1341. 새벽

1342. 자정

1343. 지대

1344. 계곡

1345. 경계

1346. 섬

1347. 운하

1348. 밀림습지대

1349. 사막

1350. 수평선

✓ STEP 1

1351 ① ② ③ ④ ⑤

막대기를 이용해 장애물을~
포올짝 뛰어 넘네!
☺ 막대기 ⇨ 포올

1352 ① ② ③ ④ ⑤

경사면을 타는 산악인은 어떻게 산을 타니?
한손에 술병과 다른 한 손엔 로프를 쥐고 산을 타
☺ 경사면 ⇨ 스로우프

1353 ① ② ③ ④ ⑤

연주회 구성을 위해서는?
피아니스트의 연락처를 알아야 해
☺ 구성 ⇨ 스트럭철

1354 ① ② ③ ④ ⑤

설날에 외관상 보기 어색한 것은?
설날에 원피스차림으로 오는 것
☺ 외관 ⇨ 설-피스

1355 ① ② ③ ④ ⑤

어디에 피크닉 내용물을 다 풀어놨어?
큰 텐트에
☺ 내용물 ⇨ 컨텐트

1356 ① ② ③ ④ ⑤

저 피카츄 상은 어디서 본 거 같애
스테이크 집에 있는 피카츄 상이잖아
☺ 상 ⇨ 스태츄-

1357 ① ② ③ ④ ⑤

조각품은 어떻게 완성돼?
예술가의 손에 슥 걸쳐 완성돼
☺ 조각품 ⇨ 스컬-철

1358 ① ② ③ ④ ⑤

각도가 안 맞네?
앵글~(에그~) 그러네
☺ 각도 ⇨ 앵글

1359 ① ② ③ ④ ⑤

저것도 포함해서 실어 주실 거죠?
네, 가스레인지도 실어 드릴게요
☺ 포함하다 ⇨ 레인쥐

1360 ① ② ③ ④ ⑤

도로주행 연습할 때 강사가 옆에서 하는 일은?
루트를 파악하는 거야
☺ 도로 ⇨ 루-트

1351 막대기	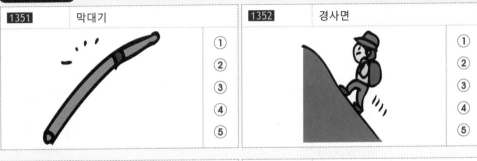	① ② ③ ④ ⑤
1352 경사면		① ② ③ ④ ⑤
1353 구성	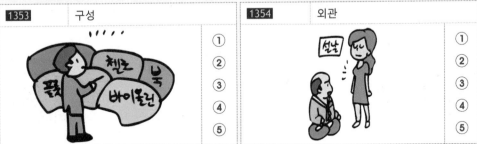	① ② ③ ④ ⑤
1354 외관		① ② ③ ④ ⑤
1355 내용물	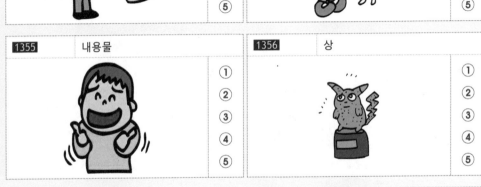	① ② ③ ④ ⑤
1356 상		① ② ③ ④ ⑤
1357 조각품	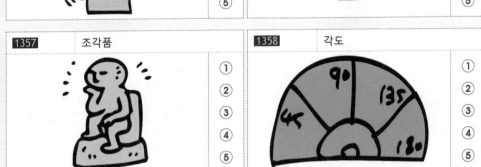	① ② ③ ④ ⑤
1358 각도		① ② ③ ④ ⑤
1359 포함하다		① ② ③ ④ ⑤
1360 도로		① ② ③ ④ ⑤

		①	②			①	②
1351	**pole** [poul]	③	④		막대기, 장대	③	④
1352	**slope** [sloup]	① ③	② ④		경사면, 언덕	① ③	② ④
1353	**structure** [strʌ́ktʃəːr]	① ③	② ④		구성, 구조, 건축물	① ③	② ④
1354	**surface** [sə́ːrfis]	① ③	② ④		외관, 표면	① ③	② ④
1355	**content** [kəntént]	① ③	② ④		내용물	① ③	② ④
1356	**statue** [stǽtʃuː]	① ③	② ④		상(像), 조상(彫像)	① ③	② ④
1357	**sculpture** [skʌ́lptʃəːr]	① ③	② ④		조각품	① ③	② ④
1358	**angle** [ǽŋgl]	① ③	② ④		각도	① ③	② ④
1359	**range** [reindʒ]	① ③	② ④		포함하다	① ③	② ④
1360	**route** [ruːt, raut]	① ③	② ④		도로, 길, 노선, 통로, 수단	① ③	② ④

1351.  막대기	1352. 경사면
1353. 구성	1354. 외관
1355. 내용물	1356. 상
1357. 조각품	1358. 각도
1359. 포함하다	1360. 도로

✓ STEP 1

1361 ① ② ③ ④ ⑤

관광은 어땠어?
가이드를 따라 투어를 잘 다녀왔어
☺ 관광 ⇨ 투얼-

1362 ① ② ③ ④ ⑤

그 사람은 아이디어 제안을 어떻게 그렇게 잘 해?
그 사람은 프로라서 동료들이 포복절도해
☺ 제안 ⇨ 프러포우절

1363 ① ② ③ ④ ⑤

결혼식 때 뭐 입을 거니?
웨딩 샵에 가서 결정할 거야
☺ 결혼 ⇨ 웨딩

1364 ① ② ③ ④ ⑤

우리나라 의식 중 중요한 게 뭐가 있지?
설 쇠러 가족이 한 집에 모이는 거
☺ 의식 ⇨ 세러모우니

1365 ① ② ③ ④ ⑤

현금으로 계산하실 거죠?
네, 캐쉬로 할게요
☺ 현금 ⇨ 캐쉬

1366 ① ② ③ ④ ⑤

요금이 비싸네요?
좀 빼어드릴게요
☺ 요금 ⇨ 페얼

1367 ① ② ③ ④ ⑤

빚 독촉~
하는데 트림이 나네
☺ 빚 ⇨ 데트

1368 ① ② ③ ④ ⑤

소득이 생기면 어디로 가야할까?
집 인(in), 안으로 컴(come), 들어와야 해
☺ 소득 ⇨ 인컴

1369 ① ② ③ ④ ⑤

요금지불이 왜 어렵나요?
제품에 피가 묻어서요
☺ 요금 ⇨ 피-

1370 ① ② ③ ④ ⑤

균형을 잡기 위해?
다리를 벌렸쓰
☺ 균형 ⇨ 밸런스

1361	관광	① ② ③ ④ ⑤

1362	제안	① ② ③ ④ ⑤

1363	결혼	① ② ③ ④ ⑤

1364	의식	① ② ③ ④ ⑤

1365	현금	① ② ③ ④ ⑤

1366	요금	① ② ③ ④ ⑤

1367	빚	① ② ③ ④ ⑤

1368	소득	① ② ③ ④ ⑤

1369	요금	① ② ③ ④ ⑤

1370	균형	① ② ③ ④ ⑤

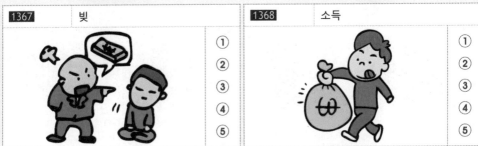

		①	②			①	②
1361	**tour** [tuə:r]	③	④		관광	③	④
1362	**proposal** [prəpóuzəl]	①	②		제안, 청혼	①	②
		③	④			③	④
1363	**wedding** [wédiŋ]	①	②		결혼	①	②
		③	④			③	④
1364	**ceremony** [sérəmòuni / -məni]	①	②		의식, 의례	①	②
		③	④			③	④
1365	**cash** [kæʃ]	①	②		현금	①	②
		③	④			③	④
1366	**fare** [fɛər]	①	②		요금	①	②
		③	④			③	④
1367	**debt** [det]	①	②		빚	①	②
		③	④			③	④
1368	**income** [inkʌm]	①	②		소득	①	②
		③	④			③	④
1369	**fee** [fi:]	①	②		요금	①	②
		③	④			③	④
1370	**balance** [bǽləns]	①	②		균형	①	②
		③	④			③	④

1361. 관광	**1362.** 제안
1363. 결혼	**1364.** 의식
1365. 현금	**1366.** 요금
1367. 빚	**1368.** 소득
1369. 요금	**1370.** 균형

✓ STEP 1

1371 ① ② ③ ④ ⑤

경제관념이 없는 것 같애
이 차칸 넘이(착한 놈이) 경제는 잘 몰라
☺ 경제 ⇨ 이카너미

1372 ① ② ③ ④ ⑤

이 댐은 폭풍으로 손상을 입은~
댐이지?
☺ 손상 ⇨ 대미쥐

1373 ① ② ③ ④ ⑤

이 위기가 힘들지?
원래 클 아이들은 실수를 하며 자라
☺ 위기 ⇨ 크라이시스

1374 ① ② ③ ④ ⑤

나 이번에 실수했어
에~너도 실수하네
☺ 실수 ⇨ 에럴

1375 ① ② ③ ④ ⑤

애인한테는 짐이 되는 건?
내가 구두 이쁜 걸 봐둔 거
☺ 짐 ⇨ 벌-든

1376 ① ② ③ ④ ⑤

 채널   미스터리

신비의 이야기만 다루는 채널은?
미스터리 채널이야
☺ 신비 ⇨ 미스터리

1377 ① ② ③ ④ ⑤

악마가 나쁜 인간들에게
대(大) 벌을 줬어
☺ 악마 ⇨ 데블

1378 ① ② ③ ④ ⑤

사건이 어디서 일어났니?
옆에서 일어났어
☺ 사건 ⇨ 어페얼

1379 ① ② ③ ④ ⑤

강아지가 질병에 걸려서 어찌됐어?
결국 뒤졌어...
☺ 질병 ⇨ 디지-즈

1380 ① ② ③ ④ ⑤

상처 입지 않았어?
200파운드의 거대한 짐이 떨어졌는데도 상처입지 않았어
☺ 상처 ⇨ 운-드

1371 경제	① ② ③ ④ ⑤	1372 손상	① ② ③ ④ ⑤
1373 위기	① ② ③ ④ ⑤	1374 실수	① ② ③ ④ ⑤
1375 짐	① ② ③ ④ ⑤	1376 신비	① ② ③ ④ ⑤
1377 악마	① ② ③ ④ ⑤	1378 사건	① ② ③ ④ ⑤
1379 질병	① ② ③ ④ ⑤	1380 상처	① ② ③ ④ ⑤

1371	**economy** [ikánəmi / -kɔ́n-]	① ② ③ ④		경제	① ② ③ ④
1372	**damage** [dǽmidʒ]	① ② ③ ④		손상, 손해	① ② ③ ④
1373	**crisis** [kráisis]	① ② ③ ④		위기	① ② ③ ④
1374	**error** [érər]	① ② ③ ④		실수, 잘못	① ② ③ ④
1375	**burden** [bə́:rdn]	① ② ③ ④		짐	① ② ③ ④
1376	**mystery** [míst-əri]	① ② ③ ④		신비, 불가사의	① ② ③ ④
1377	**devil** [dévl]	① ② ③ ④		악마	① ② ③ ④
1378	**affair** [əfɛ́ər]	① ② ③ ④		사건, 사무, 일, 용건	① ② ③ ④
1379	**disease** [dizí:z]	① ② ③ ④		질병	① ② ③ ④
1380	**wound** [wu:nd, (고어·시어) waund]	① ② ③ ④		상처, 부상	① ② ③ ④

79

1371. 경제	**1372.** 손상
1373. 위기	**1374.** 실수
1375. 짐	**1376.** 신비
1377. 악마	**1378.** 사건
1379. 질병	**1380.** 상처

✓ STEP 1

1381 ① ② ③ ④ ⑤

열이 난 환자를 싣고 가는 것은?
"삐뽀, 삐뽀" 구급차
☺ 열 ⇨ 피-벌

1382 ① ② ③ ④ ⑤

그 알약의 효과는?
피를 멈추게 하는 특효가 있어
☺ 알약 ⇨ 필

1383 ① ② ③ ④ ⑤

왜 약국으로 안 들어가니?
약국에 드러갈려고 하는 데 그 옆에 스토어가 더 좋아 보여서
☺ 약국 ⇨ 드럭스토얼

1384 ① ② ③ ④ ⑤

화가 나서 어떻게 했어?
앵겨 붙었어
☺ 화 ⇨ 앵걸

1385 ① ② ③ ④ ⑤

뭐에 놀랐니?
알람 소리에
☺ 놀라게 하다 ⇨ 얼람

1386 ① ② ③ ④ ⑤

능력을 증명할 수 있게 돈을 빌려와 볼래?
어~ 빌렸떠
☺ 능력 ⇨ 어빌러티

1387 ① ② ③ ④ ⑤

재능이 많네, 커서 뭐가 될 거야?
커서 탤런트가 될 거예요
☺ 재능 ⇨ 탤런트

1388 ① ② ③ ④ ⑤

극작가들도
드라마를 쓰기도 해
☺ 극 ⇨ 드라-머

1389 ① ② ③ ④ ⑤

이 칸막이는 뭐니?
이 호프집은 칸막이마다 스크린이 있어
☺ 칸막이 ⇨ 스크리-인

1390 ① ② ③ ④ ⑤

역할극에서 나는 뭘 해?
이번 롤 플레이에서 이웃 역을 맡아
☺ 역할 ⇨ 로울

| 1381 | 열 | ① ② ③ ④ ⑤ |
| 1382 | 알약 | ① ② ③ ④ ⑤ |

| 1383 | 약국 | ① ② ③ ④ ⑤ |
| 1384 | 화 | ① ② ③ ④ ⑤ |

| 1385 | 놀라게 하다 | ① ② ③ ④ ⑤ |
| 1386 | 능력 | ① ② ③ ④ ⑤ |

| 1387 | 재능 | ① ② ③ ④ ⑤ |
| 1388 | 극 | ① ② ③ ④ ⑤ |

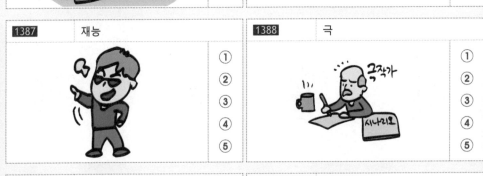

| 1389 | 칸막이 | ① ② ③ ④ ⑤ |
| 1390 | 역할 | ① ② ③ ④ ⑤ |

1381	fever [fí:vər]	①	②		열	①	②
		③	④			③	④
1382	pill [pil]	①	②		알약	①	②
		③	④			③	④
1383	drugstore [drʌ́gstɔ̀:r]	①	②		약국	①	②
		③	④			③	④
1384	anger [ǽŋgər]	①	②		화, 성, 노여움	①	②
		③	④			③	④
1385	alarm [əlá:rm]	①	②		놀라게 하다, 자명종, 경보, 놀람	①	②
		③	④			③	④
1386	ability [əbíləti]	①	②		능력	①	②
		③	④			③	④
1387	talent [tǽlənt]	①	②		재능	①	②
		③	④			③	④
1388	drama [drá:mə, drǽmə]	①	②		극, 희극	①	②
		③	④			③	④
1389	screen [skri:n]	①	②		칸막이, 화면, 스크린	①	②
		③	④			③	④
1390	role [roul]	①	②		역할	①	②
		③	④			③	④

1381.  열	1382. 알약
1383. 약국	1384. 화
1385. 놀라게 하다	1386. 능력
1387. 재능	1388. 극
1389. 칸막이	1390. 역할

✓ STEP 1

1391 ① ② ③ ④ ⑤

제목을 뭐라고 해?
타이틀이라고 해
☺ 제목 ⇨ 타이틀

1392 ① ② ③ ④ ⑤

각 나라의 화제거리를 소개하는 기사는?
해외토픽
☺ 화제 ⇨ 타픽

1393 ① ② ③ ④ ⑤

그녀는 어떤 단위를 사용해?
유니는 그램을 사용해
☺ 단위 ⇨ 유-니트

1394 ① ② ③ ④ ⑤

공동체 사람들은?
검은 옷 티를 맞춰 입었어
☺ 공동체 ⇨ 커뮤-너티

1395 ① ② ③ ④ ⑤

아이들이 자유롭게 놀 수 있는 아파트는?
리벌티(liberty) 아파트!
☺ 자유 ⇨ 리벌티

1396 ① ② ③ ④ ⑤

자유를 상징하는 미국의 조각상은?
자유의 여신상이 바로 자유의 심볼이야
☺ 상징 ⇨ 심벌

1397 ① ② ③ ④ ⑤

저 해군보다 니가 더 잘할 수 있는 게 뭐야?
내 입이 해군 군함보다 큰 것 같애
☺ 해군 ⇨ 네이비

1398 ① ② ③ ④ ⑤

선생님이 뭐라고 명령하셨니?
짝 괴롭히는 장난을 그만두라고
☺ 명령하다 ⇨ 커맨드

1399 ① ② ③ ④ ⑤

주의 집중해서 공부해보니
어땠어?
☺ 주의 ⇨ 어텐션

1400 ① ② ③ ④ ⑤

자동차 면허가 있으세요?
나이 들어선 스틱 면허 따기가 어려워서 못 땄어
☺ 면허 ⇨ 라이선스

1391 제목	
	① ② ③ ④ ⑤

1392 화제	
	① ② ③ ④ ⑤

1393 단위	
	① ② ③ ④ ⑤

1394 공동체	
	① ② ③ ④ ⑤

1395 자유	
	① ② ③ ④ ⑤

1396 상징	
	① ② ③ ④ ⑤

1397 해군	
	① ② ③ ④ ⑤

1398 명령하다	
	① ② ③ ④ ⑤

1399 주의	
	① ② ③ ④ ⑤

1400 면허	
	① ② ③ ④ ⑤

1391	title [táitl]	①	②		제목	①	②
		③	④			③	④
1392	topic [tápik / tɔ́p-]	①	②		화제, 주제	①	②
		③	④			③	④
1393	unit [jú:nit]	①	②		단위, 구성	①	②
		③	④			③	④
1394	community [kəmjú:nəti]	①	②		공동체, 지역사회	①	②
		③	④			③	④
1395	liberty [líbə:rti]	①	②		자유	①	②
		③	④			③	④
1396	symbol [símbbəl]	①	②		상징	①	②
		③	④			③	④
1397	navy [néivi]	①	②		해군	①	②
		③	④			③	④
1398	command [kəmǽnd, -máːnd]	①	②		명령하다	①	②
		③	④			③	④
1399	attention [əténʃən]	①	②		주의	①	②
		③	④			③	④
1400	license [láis-əns]	①	②		면허	①	②
		③	④			③	④

1391. 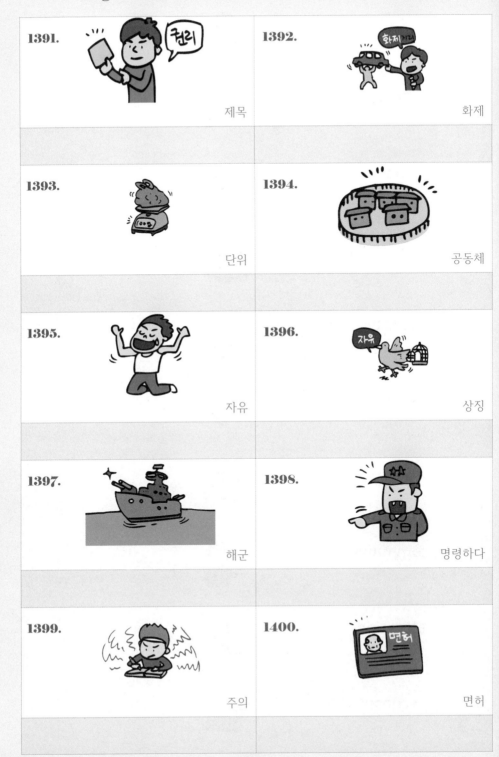	1392.
제목	화제
1393.	1394.
단위	공동체
1395.	1396.
자유	상징
1397.	1398.
해군	명령하다
1399.	1400.
주의	면허

✓ STEP 1

1401 ① ② ③ ④ ⑤

주인공을 어디로 수송했어?
트랜스포머 로봇은 스테이션(station, 역)에 수송했어
☺ 수송 ⇨ 트랜스펄테이션

1402 ① ② ③ ④ ⑤

두바이의 주택 환경은 어땠어?
인구가 증가한 두바이는 멋스런 아파트먼트가 많았어
☺ 환경 ⇨ 인바이어런먼트

1403 ① ② ③ ④ ⑤

어민들은 오염으로 더럽혀진
뻘에 누우셔 시위를 했어
☺ 오염 ⇨ 펄루-션

1404 ① ② ③ ④ ⑤

이 화장품 효과가 있니?
이 파우더팩트는 효과가 좋아
☺ 효과 ⇨ 이펙트

1405 ① ② ③ ④ ⑤

사이언스에 영향을 준 칵테일?
인도 프루트칵테일은 사이언스에 영향을 미쳤어
☺ 영향 ⇨ 인플루언스

1406 ① ② ③ ④ ⑤

이 상황에서
시츄(강아지)와 애를 선뜻 맡길 수 없어
☺ 상황 ⇨ 시츄에이션

1407 ① ② ③ ④ ⑤

어떻게 하면 엔진 문제가 해결될까요?
솔룩스로 바꾸면 시원하게 해결이 돼요
☺ 해결 ⇨ 설루-션

1408 ① ② ③ ④ ⑤

소스의 출처는 왜 물어봐?
소스(sauce)가 맛있어서
☺ 출처 ⇨ 솔-스

1409 ① ② ③ ④ ⑤

자원을 동원해서 뭘 해?
우리는 맛있는 소스를 개발하고 있어!
☺ 자원 ⇨ 리솔-스

1410 ① ② ③ ④ ⑤

석탄 가루 때문에
코가 울린다
☺ 석탄 ⇨ 코울

1401	수송

① ② ③ ④ ⑤

1402	환경

① ② ③ ④ ⑤

1403	오염

① ② ③ ④ ⑤

1404	효과

① ② ③ ④ ⑤

1405	영향

① ② ③ ④ ⑤

1406	상황

① ② ③ ④ ⑤

1407	해결

① ② ③ ④ ⑤

1408	출처

① ② ③ ④ ⑤

1409	자원

① ② ③ ④ ⑤

1410	석탄

① ② ③ ④ ⑤

1401	transportation [trænspəːrtéiʃ-ən / -pɔːrt-]	① ② ③ ④		수송, 운송	① ② ③ ④
1402	environment [inváiərənmənt]	① ② ③ ④		환경	① ② ③ ④
1403	pollution [pəlúːʃən]	① ② ③ ④		오염	① ② ③ ④
1404	effect [ifékt]	① ② ③ ④		효과	① ② ③ ④
1405	influence [ínfluːəns]	① ② ③ ④		영향(력)	① ② ③ ④
1406	situation [sìtʃuéiʃ-ən]	① ② ③ ④		상황	① ② ③ ④
1407	solution [səlúːʃ-ən]	① ② ③ ④		해결, 해답	① ② ③ ④
1408	source [sɔːrs]	① ② ③ ④		출처, 원천, 자료	① ② ③ ④
1409	resource [ríːsɔːrs, -zɔːrs, rizɔ́ːrs, -zɔ́ːrs]	① ② ③ ④		자원	① ② ③ ④
1410	coal [koul]	① ② ③ ④		석탄	① ② ③ ④

1407 솔룩스: SK 주유소에서 판매하는 고급휘발유

1401. 수송	**1402.** 환경
1403. 오염	**1404.** 효과
1405. 영향	**1406.** 상황
1407. 해결	**1408.** 출처
1409. 자원	**1410.** 석탄

✓ STEP 1

1411 ① ② ③ ④ ⑤

화장의 토대는 뭘 발라야 해?
파운데이션
☺ 토대 ⇨ 파운데이션

1412 ① ② ③ ④ ⑤

넌 이번 선거 때 어떤 운동을 하고 싶어?
대학 캠퍼스의 폐인들을 없애자는 운동
☺ (사회, 정치적)운동 ⇨ 캠페인

1413 ① ② ③ ④ ⑤

섬사람들은 어떻게 투표해?
보트 타고 뭍으로 가서 해
☺ 투표하다 ⇨ 보우트

1414 ① ② ③ ④ ⑤

자기 팀의 승리를 응원할 때는 어떻게 하지?
"V! I! C! T! O! R! Y! 빅토리!"하며 응원해
☺ 승리 ⇨ 빅터리

1415 ① ② ③ ④ ⑤

이 영광스러운 순간을 무엇으로 남기리?
글로 남기리
☺ 영광 ⇨ 글로-리

1416 ① ② ③ ④ ⑤

약속대로 포인트를 쓸 수 있나요?
어~ 포인트로 트리트먼트(treatment, 대우, 치료)를 사실 수 있어요
☺ 약속 ⇨ 어포인트먼트

1417 ① ② ③ ④ ⑤

경쟁업체는
캄보디아에서 파티를 시원한 풀장에서 열었어
☺ 경쟁 ⇨ 캄퍼티션

1418 ① ② ③ ④ ⑤

나와 대비되게 운동 마니아네?
서랍 칸에 트레이닝복 밖에 없어, 스트레칭을 좋아해서
☺ 대비 ⇨ 칸트래스트

1419 ① ② ③ ④ ⑤

공고를 하는 동안 나는 뭐 했게?
너는 튀었어
☺ 공고 ⇨ 노우티스

1420 ① ② ③ ④ ⑤

국회에 뭐 팔러 간 거야?
팔러 갔어 트리트먼트를
☺ 국회 ⇨ 팔-러먼트

1411 토대	
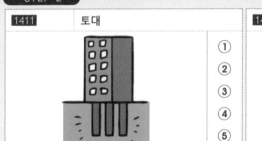	① ② ③ ④ ⑤

1412 (사회, 정치적)운동	
	① ② ③ ④ ⑤

1413 투표하다	
	① ② ③ ④ ⑤

1414 승리	
	① ② ③ ④ ⑤

1415 영광	
	① ② ③ ④ ⑤

1416 약속	
	① ② ③ ④ ⑤

1417 경쟁	
	① ② ③ ④ ⑤

1418 대비	
	① ② ③ ④ ⑤

1419 공고	
	① ② ③ ④ ⑤

1420 국회	
	① ② ③ ④ ⑤

No.	단어	① ② ③ ④	그림	뜻	① ② ③ ④
1411	**foundation** [faundéiʃ-ən]	① ② ③ ④		토대, 창립	① ② ③ ④
1412	**campaign** [kæmpéin]	① ② ③ ④		운동, 캠페인	① ② ③ ④
1413	**vote** [vout]	① ② ③ ④		투표하다	① ② ③ ④
1414	**victory** [víktəri]	① ② ③ ④		승리	① ② ③ ④
1415	**glory** [glɔ́ːri]	① ② ③ ④		영광	① ② ③ ④
1416	**appointment** [əpɔ́intmənt]	① ② ③ ④		약속	① ② ③ ④
1417	**competition** [kàmpətíʃən / kɔ̀m-]	① ② ③ ④		경쟁	① ② ③ ④
1418	**contrast** [kántræst / kɔ́ntrɑːst]	① ② ③ ④		대비, 대조	① ② ③ ④
1419	**notice** [nóutis]	① ② ③ ④		공고, 게시	① ② ③ ④
1420	**parliament** [páːrləmənt]	① ② ③ ④		국회	① ② ③ ④

1411. 토대	**1412.** (사회, 정치적)운동
1413. 투표하다	**1414.** 승리
1415. 영광	**1416.** 약속
1417. 경쟁	**1418.** 대비
1419. 공고	**1420.** 국회

✓ STEP 1

1421
① ② ③ ④ ⑤

퍼센트는
펄센트
☺ 퍼센트 ⇨ 펄센트

1422
① ② ③ ④ ⑤

저 사람 **억양**이 어때?
억센 듯 해
☺ 억양 ⇨ 액센트

1423
① ② ③ ④ ⑤

속담풀이 숙제 좀 도와줄래?
네 스스로 풀어봐!
☺ 속담 ⇨ 프라벌-브

1424
① ② ③ ④ ⑤

고전문학에 보면 몸에 필요한 물은
1리터래, 철분도 필요하고
☺ 문학 ⇨ 리터러철

1425
① ② ③ ④ ⑤

엘리베이터는
엘리베이터
☺ 엘리베이터 ⇨ 엘러베이털

1426
① ② ③ ④ ⑤

이 장치는 어디다 쓰는 거야?
이 장치를 이용하면 이런 키로도 선반 위의 트리트먼트를
잡을 수 있어
☺ 장치 ⇨ 이퀴프먼트

1427
① ② ③ ④ ⑤

헬리콥터는
헬리캅털
☺ 헬리콥터 ⇨ 헬리캅털

1428
① ② ③ ④ ⑤

뭘 씹고 있니?
츄잉껌
☺ 씹다 ⇨ 츄-

1429
① ② ③ ④ ⑤
박수를 치면서 뭐 해?
큰소리로 랩을 해
☺ 박수를 치다 ⇨ 클랩

1430
① ② ③ ④ ⑤

뭐라고 했길래 친구가 고개를 끄덕여?
나도 끼워달라고 했어
☺ 끄덕이다 ⇨ 나드

1421	퍼센트

① ② ③ ④ ⑤

1422	억양

① ② ③ ④ ⑤

1423	속담

① ② ③ ④ ⑤

1424	문학

① ② ③ ④ ⑤

1425	엘리베이터

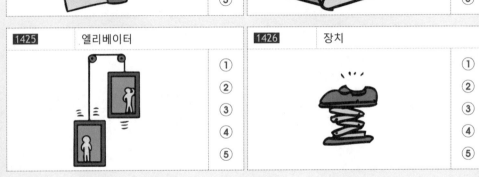

① ② ③ ④ ⑤

1426	장치

① ② ③ ④ ⑤

1427	헬리콥터

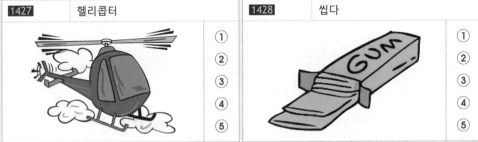

① ② ③ ④ ⑤

1428	씹다

① ② ③ ④ ⑤

1429	박수를 치다

① ② ③ ④ ⑤

1430	끄덕이다

① ② ③ ④ ⑤

		①	②			①	②
1421	**percent** [pərsént]	③	④		퍼센트	③	④
1422	**accent** [ǽksent / -sənt]	①	②		억양, 악센트, 강세	①	②
		③	④			③	④
1423	**proverb** [právəːrb / próv-]	①	②		속담	①	②
		③	④			③	④
1424	**literature** [lítərətʃər, -tʃùər]	①	②		문학	①	②
		③	④			③	④
1425	**elevator** [éləvèitər]	①	②		엘리베이터	①	②
		③	④			③	④
1426	**equipment** [ikwípmənt]	①	②		장치	①	②
		③	④			③	④
1427	**helicopter** [hélikὰptər]	①	②		헬리콥터	①	②
		③	④			③	④
1428	**chew** [tʃuː]	①	②		씹다	①	②
		③	④			③	④
1429	**clap** [klæp]	①	②		박수를 치다, 가볍게 치다	①	②
		③	④			③	④
1430	**nod** [nɑd / nɔd]	①	②		끄덕이다	①	②
		③	④			③	④

1421. 퍼센트

1422. 억양

1423. 속담

1424. 문학

1425. 엘리베이터

1426. 장치

1427. 헬리콥터

1428. 씹다

1429. 박수를 치다

1430. 끄덕이다

✓ STEP 1

1431 ① ② ③ ④ ⑤

구부러지는 관절에도?
잘 붙는 밴드
☺ 구부리다 ⇨ 벤드

1432 ① ② ③ ④ ⑤

저 여자가 몸을 이리 저리 흔드는 춤은?
스윙 댄스
☺ 흔들다 ⇨ 스윙

1433 ① ② ③ ④ ⑤

구두로 바닥을 톡톡 두드리는 춤은?
탭댄스
☺ 톡톡 두드리다 ⇨ 탭

1434 ① ② ③ ④ ⑤

야구선수가 매일 닦는 것은?
글러브야!
☺ 닦다 ⇨ 러브

1435 ① ② ③ ④ ⑤

아픔이 어때?
에이~ 크다
☺ 아프다 ⇨ 에이크

1436 ① ② ③ ④ ⑤

추운 겨울에도 다이빙을 하네?
다이버들이 기술을 잊지 않으려고 하는 거야
☺ 다이빙하다 ⇨ 다이브

1437 ① ② ③ ④ ⑤

내기에서 지면 뭘 내야 해?
뱃삯
☺ 내기 ⇨ 벳

1438 ① ② ③ ④ ⑤

공사현장에서 편히 쉬다가
일 냈어
☺ 편히 쉬다 ⇨ 릴랙스

1439 ① ② ③ ④ ⑤

그 사람은 어떻게 저렇게 예절 바르게 행동해?
선비가 헤어에 웨이브를 넣었지만 교육은 잘 받았거든
☺ 예절 바르게 행동하다 ⇨ 비헤이브

1440 ① ② ③ ④ ⑤

길을 헤매다 도착한 섬은?
전라남도 섬 완도
☺ 헤매다 ⇨ 완덜-

1431	구부리다

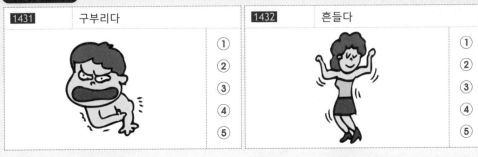

① ② ③ ④ ⑤

1432	흔들다

① ② ③ ④ ⑤

1433	톡톡 두드리다

① ② ③ ④ ⑤

1434	닦다

① ② ③ ④ ⑤

1435	아프다

① ② ③ ④ ⑤

1436	다이빙하다

① ② ③ ④ ⑤

1437	내기

① ② ③ ④ ⑤

1438	편히 쉬다

① ② ③ ④ ⑤

1439	예절 바르게 행동하다

① ② ③ ④ ⑤

1440	헤매다

① ② ③ ④ ⑤

1431	bend [bend]	①	②		구부리다, 구부러지다	①	②
		③	④			③	④
1432	swing [swiŋ]	①	②		흔들다, 흔들리다	①	②
		③	④			③	④
1433	tap [tæp]	①	②		(가볍게 톡톡) 두드리다	①	②
		③	④			③	④
1434	rub [rʌb]	①	②		닦다, 문지르다	①	②
		③	④			③	④
1435	ache [eik]	①	②		아프다	①	②
		③	④			③	④
1436	dive [daiv]	①	②		다이빙하다	①	②
		③	④			③	④
1437	bet [bet]	①	②		내기	①	②
		③	④			③	④
1438	relax [rilǽks]	①	②		편히 쉬다	①	②
		③	④			③	④
1439	behave [bihéiv]	①	②		예절 바르게 행동하다	①	②
		③	④			③	④
1440	wander [wúndəːr / wɔ́n-]	①	②		헤매다, 돌아다니다	①	②
		③	④			③	④

1431.  구부리다	1432. 흔들다
1433. 톡톡 두드리다	1434. 닦다
1435. 아프다	1436. 다이빙하다
1437. 내기	1438. 편히 쉬다
1439. 예절 바르게 행동하다	1440. 헤매다

✓ STEP 1

1441 ① ② ③ ④ ⑤

잠자리를 뒤쫓으려고?
응, 나한테는 잠자리 채 있으니까
☺ 뒤쫓다 ⇨ 체이스

1442 ① ② ③ ④ ⑤

경계를 서는 사람은 누구야?
보디가드야
☺ 경계 ⇨ 갈-드

1443 ① ② ③ ④ ⑤

싸움하다가 목을 한 대 맞고는 어땠어?
숨을 제대로 못 쉬어 쿨럭 거렸어
☺ 싸움 ⇨ 쿼-럴

1444 ① ② ③ ④ ⑤

운전수가 나오려고 버둥거리네
스쿠터가 트럭을 들이받았어
☺ 버둥거리다 ⇨ 스트러걸

1445 ① ② ③ ④ ⑤

다른 나라를 정복하던 칭기즈 칸은?
간이 컸어
☺ 정복하다 ⇨ 캉컬

1446 ① ② ③ ④ ⑤

어디서 살아남았어?
서바이벌 게임에서 살아남았어
☺ 살아남다 ⇨ 설바이브

1447 ① ② ③ ④ ⑤

막아줘!
앞 뿐 아니라 뒷 팬도
☺ 막다 ⇨ 디펜드

1448 ① ② ③ ④ ⑤

둘러싸여 있으면 행복한 것은?
서라운드시스템
☺ 둘러싸다 ⇨ 서라운드

1449 ① ② ③ ④ ⑤

무엇을 옮겨달라고 지시했어?
인수한 트럭도 옮겨달라고
☺ 지시하다 ⇨ 인스트럭트

1450 ① ② ③ ④ ⑤

선생님이 어떻게 조사했니?
"이그~ 네가 재 민 거야?"하고
☺ 조사하다 ⇨ 이그재민

1441	뒤쫓다		1442	경계	
		① ② ③ ④ ⑤			① ② ③ ④ ⑤

1443	싸움		1444	버둥거리다	
		① ② ③ ④ ⑤			① ② ③ ④ ⑤

1445	정복하다		1446	살아남다	
		① ② ③ ④ ⑤			① ② ③ ④ ⑤

1447	막다		1448	둘러싸다	
		① ② ③ ④ ⑤			① ② ③ ④ ⑤

1449	지시하다		1450	조사하다	
		① ② ③ ④ ⑤			① ② ③ ④ ⑤

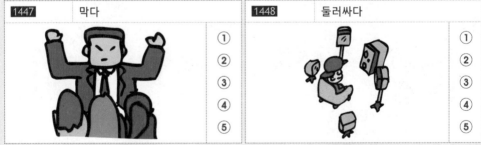

1441	**chase** [tʃeis]	① ② ③ ④		뒤쫓다	① ② ③ ④
1442	**guard** [gɑːrd]	① ② ③ ④		경계, 감시	① ② ③ ④
1443	**quarrel** [kwɔ́ːrəl / kwár-]	① ② ③ ④		싸움	① ② ③ ④
1444	**struggle** [strʌ́g-əl]	① ② ③ ④		버둥거리다	① ② ③ ④
1445	**conquer** [kɑ́ŋkər / kɔ́ŋ-]	① ② ③ ④		정복하다	① ② ③ ④
1446	**survive** [sərváiv]	① ② ③ ④		살아남다	① ② ③ ④
1447	**defend** [difénd]	① ② ③ ④		막다, 방어하다	① ② ③ ④
1448	**surround** [səráund]	① ② ③ ④		둘러싸다	① ② ③ ④
1449	**instruct** [instrʌ́kt]	① ② ③ ④		지시하다, 가르치다	① ② ③ ④
1450	**examine?** [igzǽmin]	① ② ③ ④		조사하다, 검사하다,	① ② ③ ④

1441. 뒤쫓다	**1442.** 경계
1443. 싸움	**1444.** 버둥거리다
1445. 정복하다	**1446.** 살아남다
1447. 막다	**1448.** 둘러싸다
1449. 지시하다	**1450.** 조사하다

✓ STEP 1

1451 ① ② ③ ④ ⑤

파리들이 빠른 속도로 번식하고 있네?
뭘 항상 티 나게 플라이(fly) 번식해
☺ 번식하다 ⇨ 멀티플라이

1452 ① ② ③ ④ ⑤

이번에 무엇을 개선했나요?
임시로 썼던 프로야구장을 개선했어요
☺ 개선하다 ⇨ 임프루-브

1453 ① ② ③ ④ ⑤

졸업하는데 오래 걸렸어?
그래도 에잇(eight/8년)안에 졸업한 게 어디야
☺ 졸업하다 ⇨ 그래쥬에잇

1454 ① ② ③ ④ ⑤

사진을 어떻게 구성해?
모델들이 몸을 펴 큰 포즈를 잡는 구성
☺ 구성하다 ⇨ 컴포우즈

1455 ① ② ③ ④ ⑤

금을 어디에 헌납했어?
항구 뒤 보트에
☺ 헌납하다 ⇨ 디보우트

1456 ① ② ③ ④ ⑤

왜 저 아이를 겨누는 거야?
내가 노리는 애임
☺ 겨누다 ⇨ 에임

1457 ① ② ③ ④ ⑤

애가 블록 쌓기를 성공하고 기저귀가 벗겨지니 뭐래?
어~! 치부다
☺ 성공하다 ⇨ 어취-브

1458 ① ② ③ ④ ⑤

물고기를 가득 획득해서 온 배는?
어부를 태운 배
☺ 획득하다 ⇨ 업테인

1459 ① ② ③ ④ ⑤

귀를 막아 뭘 이겨냈는데?
오버해서 껌 씹는 소리!
☺ 이겨내다 ⇨ 오우벌컴

1460 ① ② ③ ④ ⑤

뭐가 이렇게 혼란스럽게 해?
쌀을 이웃들에게 큰 걸 퍼주어서
☺ 혼란스럽게 하다 ⇨ 컨퓨-즈

1451	번식하다	① ② ③ ④ ⑤
1452	개선하다	① ② ③ ④ ⑤
1453	졸업하다	① ② ③ ④ ⑤
1454	구성하다	① ② ③ ④ ⑤
1455	헌납하다	① ② ③ ④ ⑤
1456	겨누다	① ② ③ ④ ⑤
1457	성공하다	① ② ③ ④ ⑤
1458	획득하다	① ② ③ ④ ⑤
1459	이겨내다	① ② ③ ④ ⑤
1460	혼란스럽게 하다	① ② ③ ④ ⑤

		①	②			①	②
1451	**multiply** [mʌ́ltəplai]	③	④		번식하다, 곱하다	③	④
1452	**improve** [imprúːv]	① ③	② ④		개선시키다, 향상시키다	① ③	② ④
1453	**graduate** [grǽʤuèit, -it]	① ③	② ④		졸업하다	① ③	② ④
1454	**compose** [kəmpóuz]	① ③	② ④		구성하다	① ③	② ④
1455	**devote** [divóut]	① ③	② ④		(시간, 노력 등을) 헌납하다, 바치다	① ③	② ④
1456	**aim** [eim]	① ③	② ④		겨누다, 목표삼다	① ③	② ④
1457	**achieve** [ətʃíːv]	① ③	② ④		(목적을) 성공하다, 달성하다	① ③	② ④
1458	**obtain** [əbtéin]	① ③	② ④		획득하다, 얻다	① ③	② ④
1459	**overcome** [òuvərkʌ́m]	① ③	② ④		이겨내다, 극복하다	① ③	② ④
1460	**confuse** [kənfjúːz]	① ③	② ④		혼란스럽게 하다, 혼동하다	① ③	② ④

1451. 번식하다

1452. 개선하다

1453. 졸업하다

1454. 구성하다

1455. 헌납하다

1456. 겨누다

1457. 성공하다

1458. 획득하다

1459. 이겨내다

1460. 혼란스럽게 하다

✓ STEP 1

1461 ① ② ③ ④ ⑤

임씨가 어디서 너에게 **감명을** 줬어?
임씨가 풀(pool)에서 감명을 줬어
☺ 감명을 주다 ⇨ 임프레스

1462 ① ② ③ ④ ⑤

리마씨를 보면 **생각나는** 것은?
리마씨의 외모가 남미인들을 생각나게 해
☺ 생각나게 하다 ⇨ 리마인드

1463 ① ② ③ ④ ⑤

너 무엇에 **감탄하니**?
어디서든 마이(나의) 얼굴에 감탄해
☺ 감탄하다 ⇨ 애드마이얼

1464 ① ② ③ ④ ⑤

소는 사료를 어떻게 주는 쪽을 더 좋아해?
사료를 풀에 퍼 얹어 주는 것
☺ 어느 쪽을 더 좋아하다 ⇨ 프리펄-

1465 ① ② ③ ④ ⑤

어디서 **흥겹게** 보냈니?
어! 무주에서
☺ 흥겹게 하다 ⇨ 어뮤-즈

1466 ① ② ③ ④ ⑤

인간이 **축복해야할** 것은?
불에 쓰임을 알게 된 것이야
☺ 축복하다 ⇨ 블레스

1467 ① ② ③ ④ ⑤

독특한 생일 **축하는** 어떻게 해줘?
친구를 쎄려버리려나 봐
☺ 축하하다 ⇨ 셀러브레이트

1468 ① ② ③ ④ ⑤

네 남자친구가 너를 **매혹시키는** 점은?
어~트랙트를 잘 몰아
☺ 매혹시키다 ⇨ 어트랙트

1469 ① ② ③ ④ ⑤

누구의 도움을 **고맙게 생각해야** 하니?
어, 프리씨의 도움을 고맙게 생각해야 해
☺ 고맙게 생각하다 ⇨ 어프리-쉬에이트

1470 ① ② ③ ④ ⑤

출연하는 작품마다 감독의 요구를 **들어주는** 배우는?
휴 그랜트
☺ 들어주다 ⇨ 그랜트

1461	감명을 주다

① ② ③ ④ ⑤

1462	생각나게 하다

① ② ③ ④ ⑤

1463	감탄하다

① ② ③ ④ ⑤

1464	어느 쪽을 더 좋아하다

① ② ③ ④ ⑤

1465	흥겹게 하다

① ② ③ ④ ⑤

1466	축복하다

① ② ③ ④ ⑤

1467	축하하다

① ② ③ ④ ⑤

1468	매혹시키다

① ② ③ ④ ⑤

1469	고맙게 생각하다

① ② ③ ④ ⑤

1470	들어주다

① ② ③ ④ ⑤

		①	②			①	②
1461	**impress** [imprés]	③	④		감명[인상]을 주다	③	④
1462	**remind** [rimáind]	①	②		생각나게 하다	①	②
		③	④			③	④
1463	**admire** [ædmáiər, əd-]	①	②		감탄[찬미]하다	①	②
		③	④			③	④
1464	**prefer** [prifə́:r]	①	②		~쪽을 더 좋아하다	①	②
		③	④			③	④
1465	**amuse** [əmjú:z]	①	②		흥겹게 하다, 즐겁게 하다	①	②
		③	④			③	④
1466	**bless** [bles]	①	②		축복하다, (신을) 찬미하다	①	②
		③	④			③	④
1467	**celebrate** [séləbrèit]	①	②		축하하다	①	②
		③	④			③	④
1468	**attract** [ətrǽkt]	①	②		매혹시키다, (주의, 흥미 등을) 끌다	①	②
		③	④			③	④
1469	**appreciate** [əprí:ʃièit]	①	②		고맙게 생각하다	①	②
		③	④			③	④
1470	**grant** [grænt, grɑ:nt]	①	②		(요구 등을) 들어주다	①	②
		③	④			③	④

115

1461. 감명을 주다

1462. 생각나게 하다

1463. 감탄하다

1464. 어느 쪽을 더 좋아하다

1465. 흥겹게 하다

1466. 축복하다

1467. 축하하다

1468. 매혹시키다

1469. 고맙게 생각하다

1470. 들어주다

✓ STEP 1

1471 ① ② ③ ④ ⑤

불평하다가?
컴퓨터 앞에서 플레인 베이글을 먹으니 기분이 좋아졌어
☺ 불평하다 ⇨ 컴플레인

1472 ① ② ③ ④ ⑤

넌 나를 실망시켰어~
그럼, 어디서 포인트를 써?
☺ 실망시키다 ⇨ 디서포인트

1473 ① ② ③ ④ ⑤

걔는 사람을 무시할 때 뭐라고 해?
이그, 너 모르지?
☺ 무시하다 ⇨ 이그놀-

1474 ① ② ③ ④ ⑤

취업 첫 날 뭘 뒤집어엎었어?
취업 첫 날에 병원의 핀셋을 뒤집어엎었어
☺ 뒤집어엎다 ⇨ 업세트

1475 ① ② ③ ④ ⑤

어떻게 방해했어?
걸어가는 여성에게 됐어, 타봐! 하며 소리쳤어

☺ 방해하다 ⇨ 디스털-브

1476 ① ② ③ ④ ⑤

그녀가 오해해서 어떻게 했어?
미스 김이 오해해서 언더(under,아래)에 있는 스탠드를 걷어찼어
☺ 오해하다 ⇨ 미스언덜-스탠드

1477 ① ② ③ ④ ⑤

남자친구랑 망설이지 말고 데이트하고 놀다오랬지?
당연히 했지, 데이트
☺ 망설이다 ⇨ 헤저테이트

1478 ① ② ③ ④ ⑤

저 냉장고가 필요해요, 당첨됐나요?
니 꽝이여!
☺ 필요로 하다 ⇨ 리콰이얼

1479 ① ② ③ ④ ⑤

경고 사격 후에 이어지는 카운트다운은?
쓰리, 투, 원!
☺ 경고하다 ⇨ 워-언

1480 ① ② ③ ④ ⑤

비교하는 게 쉽지 않네~
큰 패여, 작은 패여?
☺ 비교하다 ⇨ 컴페얼

| 1471 | 불평하다 | ① ② ③ ④ ⑤ |
| 1472 | 실망시키다 | ① ② ③ ④ ⑤ |

| 1473 | 무시하다 | ① ② ③ ④ ⑤ |
| 1474 | 뒤집어엎다 | ① ② ③ ④ ⑤ |

| 1475 | 방해하다 | ① ② ③ ④ ⑤ |
| 1476 | 오해하다 | ① ② ③ ④ ⑤ |

| 1477 | 망설이다 | ① ② ③ ④ ⑤ |
| 1478 | 필요로 하다 | ① ② ③ ④ ⑤ |

| 1479 | 경고하다 | ① ② ③ ④ ⑤ |
| 1480 | 비교하다 | ① ② ③ ④ ⑤ |

1471	complain [kəmpléin]	① ② ③ ④		불평하다	① ② ③ ④
1472	disappoint [dìsəpɔ́int]	① ② ③ ④		실망시키다	① ② ③ ④
1473	ignore [ignɔ́ːr]	① ② ③ ④		무시하다	① ② ③ ④
1474	upset [ʌpsét]	① ② ③ ④		뒤집어엎다, (계획 등을) 망치다	① ② ③ ④
1475	disturb [distə́ːrb]	① ② ③ ④		방해하다	① ② ③ ④
1476	misunderstand [mìsʌndəːrstǽnd]	① ② ③ ④		오해하다	① ② ③ ④
1477	hesitate [hézətèit]	① ② ③ ④		망설이다	① ② ③ ④
1478	require [rikwáiəːr]	① ② ③ ④		필요로 하다, 요구하다	① ② ③ ④
1479	warn [wɔːrn]	① ② ③ ④		경고하다, 주의하다	① ② ③ ④
1480	compare [kəmpɛ́ər]	① ② ③ ④		비교하다	① ② ③ ④

1471. 불평하다	**1472.** 실망시키다
1473. 무시하다	**1474.** 뒤집어엎다
1475. 방해하다	**1476.** 오해하다
1477. 망설이다	**1478.** 필요로 하다
1479. 경고하다	**1480.** 비교하다

✓ STEP 1

1481 ① ② ③ ④ ⑤

들키지 않게 풀인체 하는 방법은?
풀이 텐트를 가릴 수 있는 곳에 숨으면 돼
☺ ~인 체하다 ⇨ 프리텐드

1482 ① ② ③ ④ ⑤

주사를 맞아 미리 병을 예방하는 이유는?
놀다가 풀이 살을 벤 듯하면 곪기 때문에
☺ 예방하다 ⇨ 프리벤트

1483 ① ② ③ ④ ⑤

사기꾼을 체포한 곳은 어디야?
어! 유명한 레스토랑이야
☺ 체포하다 ⇨ 어레스트

1484 ① ② ③ ④ ⑤

입학을 허락해서 왔는데~
학교가 어디 밑에 있는지 모르겠네~
☺ 허락하다 ⇨ 애드미트

1485 ① ② ③ ④ ⑤

시에서 허가한 것은?
땅을 퍼서 밑으로 배관 설치하도록
☺ 허락하다 ⇨ 퍼-미트

1486 ① ② ③ ④ ⑤

그 교수는 얼마나 가치가 있어?
뒤를 잡고 붙잡을 정도로
☺ ~의 가치가 있다 ⇨ 디절-브

1487 ① ② ③ ④ ⑤

아빠로 생각하는 사람은?
우리를 지키는 보디가드
☺ ~로 생각하다 ⇨ 리갈-드

1488 ① ② ③ ④ ⑤

아이는 뭘 선언했니?
"이제부터 우유를 많이 마셔 뒤에 있는 애들보다 클래요."
☺ 선언하다 ⇨ 디클레얼

1489 ① ② ③ ④ ⑤

알려준 사람은 누구야?
아나운서
☺ 알려주다 ⇨ 어나운스

1490 ① ② ③ ④ ⑤

방송을 하고 있는 사람은?
브로드웨이에서 캐스팅한 사람이야
☺ 방송 ⇨ 브로-드캐스트

1481	~인 체하다		1482	예방하다	

1483	체포하다		1484	허락하다	

1485	허락하다		1486	~의 가치가 있다	

1487	~로 생각하다		1488	선언하다	

1489	알려주다		1490	방송	

1481	pretend [priténd]	① ② ③ ④		~인 체하다	① ② ③ ④
1482	prevent [privént]	① ② ③ ④		예방하다, 막다	① ② ③ ④
1483	arrest [ərést]	① ② ③ ④		체포하다	① ② ③ ④
1484	admit [ædmít, əd-]	① ② ③ ④		(입장을) 허락하다	① ② ③ ④
1485	permit [pəːrmít]	① ② ③ ④		허락[허가]하다	① ② ③ ④
1486	deserve [dizə́ːrv]	① ② ③ ④		~의 가치가 있다	① ② ③ ④
1487	regard [rigáːrd]	① ② ③ ④		~로 생각하다	① ② ③ ④
1488	declare [diklɛ́ər]	① ② ③ ④		선언하다, 포고하다	① ② ③ ④
1489	announce [ənáuns]	① ② ③ ④		알려주다, 발표하다	① ② ③ ④
1490	broadcast [brɔ́ːdkæst, -̀kàst]	① ② ③ ④		방송하다	① ② ③ ④

1481. ~인 체하다

1482. 예방하다

1483. 체포하다

1484. 허락하다

1485. 허락하다

1486. ~의 가치가 있다

1487. ~로 생각하다

1488. 선언하다

1489. 알려주다

1490. 방송

✓ STEP 1

1491 ① ② ③ ④ ⑤

생존해서 돌아 온 사람 봤니?
이 그지(거지)가 스트리트(street)에 있더라고
☺ 생존하다 ⇨ 이그지스트

1492 ① ② ③ ④ ⑤

사고가 일어난 차는?
아까 만났던 사람의 차
☺ 일어나다 ⇨ 어컬-

1493 ① ② ③ ④ ⑤

남산에 위치하고 있는 것은?
로케트 발사대
☺ ~에 위치하다 ⇨ 로우케이트

1494 ① ② ③ ④ ⑤

모델이 쉬기 위해 뭘 멈췄어?
포즈를 멈췄어
☺ 멈추다 ⇨ 포-즈

1495 ① ② ③ ④ ⑤

솜이불을 관찰하니 어때?
어쩜 부드러운지 몰라
☺ 관찰하다 ⇨ 어브절-브

1496 ① ② ③ ④ ⑤

풀이 언제 얼었어?
풀이 저녁에 얼었어
☺ 얼다 ⇨ 프리-즈

1497 ① ② ③ ④ ⑤

탐험하는 것은?
익숙하지 않은 것을 풀려는 정신에서 시작돼
☺ 탐험하다 ⇨ 익스플로얼

1498 ① ② ③ ④ ⑤

개가 뼈다귀를 묻은 곳은?
벨이 울리는 성당 정원
☺ 묻다 ⇨ 베리

1499 ① ② ③ ④ ⑤

씨를 뿌리는 시점은?
소로 밭을 간 다음
☺ 씨를 뿌리다 ⇨ 소우

1500 ① ② ③ ④ ⑤

새우를 어떻게 기름에 튀겨?
프라이팬에 기름 붓고 튀기면 돼
☺ 기름에 튀기다 ⇨ 프라이

1491 생존하다	1492 일어나다

1493 ~에 위치하다	1494 멈추다

1495 관찰하다	1496 얼다

1497 탐험하다	1498 묻다

1499 씨를 뿌리다	1500 기름에 튀기다

① ② ③ ④ ⑤

		①	②			①	②
1491	**exist** [igzíst]	③	④		생존하다, 존재하다, 현존하다	③	④
1492	**occur** [əkə́ːr]	① ③	② ④		(사건 등이) 일어나다	① ③	② ④
1493	**locate** [lóukeit]	① ③	② ④		~에 위치하다	① ③	② ④
1494	**pause** [pɔːz]	① ③	② ④		멈추다, 쉬다	① ③	② ④
1495	**observe** [əbzə́ːrv]	① ③	② ④		관찰하다	① ③	② ④
1496	**freeze** [friːz]	① ③	② ④		얼다	① ③	② ④
1497	**explore** [iksplɔ́ːr]	① ③	② ④		탐험하다	① ③	② ④
1498	**bury** [béri]	① ③	② ④		묻다, 매장하다	① ③	② ④
1499	**sow** [sou]	① ③	② ④		(씨를) 뿌리다	① ③	② ④
1500	**fry** [frai]	① ③	② ④		기름에 튀기다	① ③	② ④

1491. 생존하다	1492. 일어나다
1493. ~에 위치하다	1494. 멈추다
1495. 관찰하다	1496. 얼다
1497. 탐험하다	1498. 묻다
1499. 씨를 뿌리다	1500. 기름에 튀기다

✓ STEP 1

1501 ① ② ③ ④ ⑤

쓰고 남은 야채를 어디에 **싸서** 보관해?
랩에 **싸서** 보관해
☺ 싸다 ⇨ 랩

1502 ① ② ③ ④ ⑤

기울어져있네 조각상이?
기우린 게 특징이래
☺ 기울다 ⇨ 리-인

1503 ① ② ③ ④ ⑤

마을이 **폭발했어!**
이크, 수풀로 들어와
☺ 폭발하다 ⇨ 익스플로-드

1504 ① ② ③ ④ ⑤

드레스에 레이스를 **대신하여** 사용한 것?
꽃잎을 레이스 **대신으로** 장식했어
☺ 대신하다 ⇨ 리플레이스

1505 ① ② ③ ④ ⑤

건물 **임대하려고** 건물주에게 뭐라고 말했니?
하이, 얼마예요?
☺ 임대하다 ⇨ 하이얼

1506 ① ② ③ ④ ⑤

 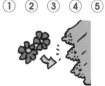

차를 급하게 **멈추면** 어떤 소리가 나?
끼익 하고 소리가 나
☺ 멈추다 ⇨ 퀴트

1507 ① ② ③ ④ ⑤

흑인배역으로 어떤 사람을 **추천하면** 좋을까?
우리는 시커먼 사람을 **추천해**
☺ 추천하다 ⇨ 레커멘드

1508 ① ② ③ ④ ⑤

이 엄청난 일을 **해 낸** 사람이 누구야?
당연 슈퍼맨이지!
☺ 해내다 ⇨ 매니쥐

1509 ① ② ③ ④ ⑤

내 선물 **준비했어?**
그래, 여기 있어, 풀어봐도 돼
☺ 준비하다 ⇨ 프러바이드

1510 ① ② ③ ④ ⑤

누구에게 식량을 **공급해?**
난민촌에서 밥풀만 먹는 아이에게 **공급해**
☺ 공급하다 ⇨ 서플라이

129

1501	싸다	① ② ③ ④ ⑤	1502	기울다	① ② ③ ④ ⑤
1503	폭발하다	① ② ③ ④ ⑤	1504	대신하다	① ② ③ ④ ⑤
1505	임대하다	① ② ③ ④ ⑤	1506	멈추다	① ② ③ ④ ⑤
1507	추천하다	① ② ③ ④ ⑤	1508	해내다	① ② ③ ④ ⑤
1509	준비하다	① ② ③ ④ ⑤	1510	공급하다	① ② ③ ④ ⑤

1501	wrap [ræp]	① ② ③ ④		싸다, 포장하다	① ② ③ ④
1502	lean [liːn]	① ② ③ ④		기울다, 기대다, 의지하다	① ② ③ ④
1503	explode [iksplóud]	① ② ③ ④		폭발하다	① ② ③ ④
1504	replace [ripléis]	① ② ③ ④		대신하다, 바꾸다	① ② ③ ④
1505	hire [haiər]	① ② ③ ④		임대하다, 고용하다	① ② ③ ④
1506	quit [kwit]	① ② ③ ④		멈추다, 중지하다	① ② ③ ④
1507	recommend [rèkəménd]	① ② ③ ④		추천하다	①. ② ③ ④
1508	manage [mǽnidʒ]	① ② ③ ④		~을 해내다, 경영하다	① ② ③ ④
1509	provide [prəváid]	① ② ③ ④		준비하다, 제공하다	① ② ③ ④
1510	supply [səplái]	① ② ③ ④		공급, 공급하다	① ② ③ ④

1501.  싸다	**1502.** 기울다
1503. 폭발하다	**1504.** 대신하다
1505. 임대하다	**1506.** 멈추다
1507. 추천하다	**1508.** 해내다
1509. 준비하다	**1510.** 공급하다

✓ STEP 1

1511 ① ② ③ ④ ⑤

너도 남자 친구에게 지갑 만들어 달라고 **요구해**~
지금 말고 뒤에 맨들(만들)어 달라고 할 거야
☺ 요구하다 ⇨ 디맨드

1512 ① ② ③ ④ ⑤

차가 없어서 무엇을 **빌려** 타고 갔어?
렌트카!
☺ 빌리다 ⇨ 렌트

1513 ① ② ③ ④ ⑤

기중기를 **조종하다** 다치면 뭐라고 해?
아퍼! 에잇~
☺ 조종하다 ⇨ 아퍼레이트

1514 ① ② ③ ④ ⑤

다 같이 **협동하면** 빨리 끝나
협동하여 "굴 파레이!"
☺ 협동하다 ⇨ 코아퍼레이트

1515 ① ② ③ ④ ⑤

그가 사랑을 **표현한** 것을 알 수 있는 것은?
그가 내게 준 프레전트(present ,선물)
☺ 표현하다 ⇨ 레프리젠트

1516 ① ② ③ ④ ⑤

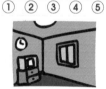

색상까지 일일이 **고른** 이유는?
실내도 멋지게 장식하려고
☺ 고르다 ⇨ 실렉트

1517 ① ② ③ ④ ⑤

저분들 다음부터 **예약해드릴까?**
그래, 우리 저분들 다음부터 예약해드리자
☺ 예약하다 ⇨ 리절-브

1518 ① ② ③ ④ ⑤

공연하는데 준비 운동은 어떻게 해?
어깨 펴! 포옴 잡고!
☺ 공연하다 ⇨ 펄포옴

1519 ① ② ③ ④ ⑤

맥주 세병과 마른안주를 **결합시킨** 기본 세트가 있는 나이트는?
유리성 나이트
☺ 결합시키다 ⇨ 유-나이트

1520 ① ② ③ ④ ⑤

어떻게 **조직적으로** 실험해?
이 용액이 얼거나 증발하지 않게 잊지 말고 진행해
☺ 조직하다 ⇨ 올-거나이즈

1511 요구하다	① ② ③ ④ ⑤
1512 빌리다	① ② ③ ④ ⑤
1513 조종하다	① ② ③ ④ ⑤
1514 협동하다	① ② ③ ④ ⑤
1515 표현하다	① ② ③ ④ ⑤
1516 고르다	① ② ③ ④ ⑤
1517 예약하다	① ② ③ ④ ⑤
1518 공연하다	① ② ③ ④ ⑤
1519 결합시키다	① ② ③ ④ ⑤
1520 조직하다	① ② ③ ④ ⑤

1511	**demand** [dimǽnd, -máːnd]	① ② ③ ④		요구하다	① ② ③ ④
1512	**rent** [rent]	① ② ③ ④		빌리다	① ② ③ ④
1513	**operate** [ápərèit / ɔ́p-]	① ② ③ ④		(기계 등을) 조종하다	① ② ③ ④
1514	**cooperate** [kouápərèit / -ɔ́p-]	① ② ③ ④		협동하다	① ② ③ ④
1515	**represent** [rèprizént]	① ② ③ ④		표현하다	① ② ③ ④
1516	**select** [silékt]	① ② ③ ④		고르다	① ② ③ ④
1517	**reserve** [rizə́ːrv]	① ② ③ ④		(좌석, 방 등을) 예약하다	① ② ③ ④
1518	**perform** [pərfɔ́ːrm]	① ② ③ ④		(연극을) 공연하다	① ② ③ ④
1519	**unite** [juːnáit]	① ② ③ ④		결합시키다	① ② ③ ④
1520	**organize** [ɔ́ːrgənàiz]	① ② ③ ④		조직하다	① ② ③ ④

1511. 요구하다

1512. 빌리다

1513. 조종하다

1514. 협동하다

1515. 표현하다

1516. 고르다

1517. 예약하다

1518. 공연하다

1519. 결합시키다

1520. 조직하다

1521 ① ② ③ ④ ⑤

준비한 과일이 뭐야?
오렌지야
☺ 준비하다 ⇨ 어레인쥐

1522 ① ② ③ ④ ⑤

담임선생님이 체육선생인거랑 관계가 있는 이유는?
릴레이경주를 특히 중요하게 생각하기 때문이야
☺ 관계가 있다 ⇨ 릴레이트

1523 ① ② ③ ④ ⑤

콘센트와 어떻게 연결해?
전선을 꺼내 콘센트와 연결해
☺ 연결하다 ⇨ 커넥터

1524 ① ② ③ ④ ⑤

가족은 어떻게 이루어져 있니?
부모님과 큰 시스터(sister)와 나로 이루어져있어
☺ ~로 이루어져 있다 ⇨ 컨시스트

1525 ① ② ③ ④ ⑤

진흙에 빠진 차가 무사히 출발할 수 있을까?
저번에 차바퀴 뒤를 팠더니 쉽게 출발했어
☺ 출발하다 ⇨ 디팔-트

1526 ① ② ③ ④ ⑤

중국에는 매우 놀라운 것들이 많이 있었어?
어머~ 베이징에는 놀라운 것 투성이였어
☺ 매우 놀라운 ⇨ 어메이징

1527 ① ② ③ ④ ⑤

지겨운 보물찾기에 뭘 찾았어?
보물찾기 링을 찾았어
☺ 지겨운 ⇨ 볼-링

1528 ① ② ③ ④ ⑤

호기심이 많았던 사람은?
퀴리(부인)였어
☺ 호기심 있는 ⇨ 큐어리어스

1529 ① ② ③ ④ ⑤

방이 좁을까봐 초조해하는 친구에게 뭐라고 말했어?
"사진으로 봤을 땐 넓었어!"
☺ 초조한 ⇨ 널-버스

1530 ① ② ③ ④ ⑤

왜 아픈 표정을 하고 있어?
벌에 쏘여서 그래
☺ 아픈 ⇨ 소얼

1521	준비하다, 배열하다	① ② ③ ④ ⑤
1522	관계가 있다	① ② ③ ④ ⑤
1523	연결하다	① ② ③ ④ ⑤
1524	~로 이루어져 있다	① ② ③ ④ ⑤
1525	출발하다	① ② ③ ④ ⑤
1526	매우 놀라운	① ② ③ ④ ⑤
1527	지겨운	① ② ③ ④ ⑤
1528	호기심 있는	① ② ③ ④ ⑤
1529	초조한	① ② ③ ④ ⑤
1530	아픈	① ② ③ ④ ⑤

		①	②			①	②
1521	**arrange** [əréindʒ]	③	④		준비하다, 정돈(정리)하다, 배열하다	③	④
1522	**relate** [riléit]	① ③	② ④		관계가 있다	① ③	② ④
1523	**connect** [kənékt]	① ③	② ④		연결하다	① ③	② ④
1524	**consist** [kənsíst]	① ③	② ④		~로 이루어져 있다	① ③	② ④
1525	**depart** [dipά:rt]	① ③	② ④		출발하다	① ③	② ④
1526	**amazing** [əméiziŋ]	① ③	② ④		매우 놀라운	① ③	② ④
1527	**boring** [bɔ́:riŋ]	① ③	② ④		지겨운	① ③	② ④
1528	**curious** [kjúəriəs]	① ③	② ④		호기심이 있는	① ③	② ④
1529	**nervous** [nə́:rvəs]	① ③	② ④		초조한	① ③	② ④
1530	**sore** [sɔːr]	① ③	② ④		아픈	① ③	② ④

1521. 준비하다	**1522.** 관계가 있다
1523. 연결하다	**1524.** ~로 이루어져 있다
1525. 출발하다	**1526.** 매우 놀라운
1527. 지겨운	**1528.** 호기심 있는
1529. 초조한	**1530.** 아픈

✓ STEP 1

1531 ① ② ③ ④ ⑤

그 공장은 어떻게 항상 만족스러울 수 있을까?
새티스(새티's, 새티의) 팩토리(공장)는 완벽을 추구하기
때문이야

☺ 만족스러운 ⇨ 새티스팩터리

1532 ① ② ③ ④ ⑤

낭만적인 것을 좋아하니?
로맨스 소설을 특별히 좋아해

☺ 낭만적인 ⇨ 로우맨틱

1533 ① ② ③ ④ ⑤

귀머거리인 사람은?
대포 소리도 듣지 못해

☺ 귀머거리의 ⇨ 데프

1534 ① ② ③ ④ ⑤

말하고 싶었으나 벙어리처럼 말하지 못한 말은?
덤으로 하나 더 달라는 말

☺ 벙어리의 ⇨ 덤

1535 ① ② ③ ④ ⑤

무례한 사람이 누드화를 어떻게 했어?
누드화에 낙서를 해 놓았어

☺ 무례한 ⇨ 루-드

1536 ① ② ③ ④ ⑤

저 아이는 가수에 미쳐있는 사람으로
클 애이지(클 애야)

☺ ~에 미쳐 있는 ⇨ 크레이지

1537 ① ② ③ ④ ⑤

온화한 털옷을 입으면 얼마나 달릴 수 있어?
몇 마일도 달릴 수 있어

☺ 온화한 ⇨ 마일드

1538 ① ② ③ ④ ⑤

매력적인 코트는 어디 뒀어?
차에 매력적인 밍크코드를 두고 내렸어

☺ 매력적인 ⇨ 챨-밍

1539 ① ② ③ ④ ⑤

둔한 사람은?
덜떨어진 사람

☺ 둔한 ⇨ 덜

1540 ① ② ③ ④ ⑤

영리한 학생들에게 인기 있는 교복은?
스마트 학생복

☺ 영리한 ⇨ 스말-트

1531	만족스러운

① ② ③ ④ ⑤

1532	낭만적인

낭만적인

① ② ③ ④ ⑤

1533	귀머거리의

① ② ③ ④ ⑤

1534	벙어리의

••••

① ② ③ ④ ⑤

1535	무례한

교양 X

① ② ③ ④ ⑤

1536	~에 미쳐 있는

① ② ③ ④ ⑤

1537	온화한

① ② ③ ④ ⑤

1538	매력적인

매력적인

① ② ③ ④ ⑤

1539	둔한

?

① ② ③ ④ ⑤

1540	영리한

스마트

① ② ③ ④ ⑤

1531	satisfactory [sæ̀tisfǽkt-əri]	① ② ③ ④		만족스러운	① ② ③ ④
1532	romantic [roumǽntik]	① ② ③ ④		낭만적인	① ② ③ ④
1533	deaf [def]	① ② ③ ④		귀머거리의	① ② ③ ④
1534	dumb [dʌm]	① ② ③ ④		벙어리의, 말 못하는	① ② ③ ④
1535	rude [ru:d]	① ② ③ ④		무례한, 버릇없는	① ② ③ ④
1536	crazy [kréizi]	① ② ③ ④		~에 미쳐 있는	① ② ③ ④
1537	mild [maild]	① ② ③ ④		온화한	① ② ③ ④
1538	charming [tʃɑ́:rmiŋ]	① ② ③ ④		매력적인	① ② ③ ④
1539	dull [dʌl]	① ② ③ ④		둔한, 무딘, 어리석은	① ② ③ ④
1540	smart [smɑ:rt]	① ② ③ ④		영리한	① ② ③ ④

1531. 만족스러운	**1532.** 낭만적인
1533. 귀머거리의	**1534.** 벙어리의
1535. 무례한	**1536.** ~에 미쳐 있는
1537. 온화한	**1538.** 매력적인
1539. 둔한	**1540.** 영리한

✓ STEP 1

1541 ① ② ③ ④ ⑤

총명한 삼촌은 뭐 하셔?
이태리에서 전투기를 운전해
☺ 총명한 ⇨ 인텔러젼트

1542 ① ② ③ ④ ⑤

인내심이 강한 그 선생님은 어떻게 되셨어?
살이 패이셨는데도 견뎌 내셨어
☺ 인내심이 강한 ⇨ 페이션트

1543 ① ② ③ ④ ⑤

책임이 있는 누굴 부를까?
니 스폰서 불러서 상의해
☺ 책임이 있는 ⇨ 리스판서벌

1544 ① ② ③ ④ ⑤

뭘 **자신 있게** 말했어?
"장마 때 온 비는 큰 비인데" 라고
☺ 자신 있는 ⇨ 칸피던트

1545 ① ② ③ ④ ⑤

대망을 품은 옷은?
애비(아버지) 셔츠
☺ 대망을 품은 ⇨ 앰비셔스

1546 ① ② ③ ④ ⑤

독립심이 강한 막내가 마련한 것은?
인디 밴드가 한 펜던트의 보석
☺ 독립심이 강한 ⇨ 인디펜던트

1547 ① ② ③ ④ ⑤

내 얼굴이 **창백해** 보이지?
응, 볼이 패일 정도로 창백해
☺ 창백한 ⇨ 페일

1548 ① ② ③ ④ ⑤

희미하게 나는 냄새는 뭐야?
페인트칠 냄새야
☺ 희미한 ⇨ 페인트

1549 ① ② ③ ④ ⑤

약간만 마시자?
오케이, 오늘 술은 라이트(가볍게)하게 마시지 뭐
☺ 약간의 ⇨ 슬라이트

1550 ① ② ③ ④ ⑤

엄마가 겨울옷을 **깔끔히** 정리정돈하시고 나서 뭐 하셨어?
새 니트(knit)를 짜 주셨어
☺ 깔끔한 ⇨ 니-트

1541 총명한	① ② ③ ④ ⑤

1542 인내심이 강한	① ② ③ ④ ⑤

1543 책임이 있는	① ② ③ ④ ⑤

1544 자신 있는	① ② ③ ④ ⑤

1545 대망을 품은	① ② ③ ④ ⑤

1546 독립심이 강한	① ② ③ ④ ⑤

1547 창백한	① ② ③ ④ ⑤

1548 희미한	① ② ③ ④ ⑤

1549 약간의	① ② ③ ④ ⑤

1550 깔끔한	① ② ③ ④ ⑤

		①	②			①	②
1541	intelligent [intélədʒənt]	③	④		총명한	③	④
1542	patient [péiʃənt]	①	②		인내심이 강한	①	②
		③	④			③	④
1543	responsible [rispánsəb-əl / -spɔ́n-]	①	②		책임이 있는	①	②
		③	④			③	④
1544	confident [kánfidənt / kɔ́n-]	①	②		자신 있는	①	②
		③	④			③	④
1545	ambitious [æmbíʃəs]	①	②		대망을 품은	①	②
		③	④			③	④
1546	independent [ìndipéndənt]	①	②		독립심이 강한	①	②
		③	④			③	④
1547	pale [peil]	①	②		창백한	①	②
		③	④			③	④
1548	faint [feint]	①	②		희미한	①	②
		③	④			③	④
1549	slight [slait]	①	②		약간의, 가벼운, 사소한	①	②
		③	④			③	④
1550	neat [niːt]	①	②		깔끔한	①	②
		③	④			③	④

1541.  <div align="right">총명한</div>	1542. <div align="right">인내심이 강한</div>
1543. <div align="right">책임이 있는</div>	1544. <div align="right">자신 있는</div>
1545. <div align="right">대망을 품은</div>	1546. <div align="right">독립심이 강한</div>
1547. <div align="right">창백한</div>	1548. <div align="right">희미한</div>
1549. <div align="right">약간의</div>	1550. <div align="right">깔끔한</div>

✓ STEP 1

1551   ① ② ③ ④ ⑤

차를 말끔히 정돈하고나서 뭐라고 말했어?
"타, 이 뒤에!"
☺ 말끔히 정돈된 ⇨ 타이디

1552   ① ② ③ ④ ⑤

꾸준히 잘 팔리는 책을 뭐라 하지?
스테디셀러
☺ 꾸준히 ⇨ 스테디

1553   ① ② ③ ④ ⑤

동전던지기에서 앞면이 나온 건 명확해?
응! 앞이었어!
☺ 명확한 ⇨ 아비어스

1554   ① ② ③ ④ ⑤

강인한 사람을 뭐라고 해?
터프가이
☺ 강인한 ⇨ 터프

1555   ① ② ③ ④ ⑤

뻣뻣한
스티커를 샤프로 떼어냈어
☺ 뻣뻣한 ⇨ 스티프

1556   ① ② ③ ④ ⑤

가파른 언덕에서 뭐 해?
스티로폼 공 가지고 골프해
☺ 가파른 ⇨ 스티-프

1557   ① ② ③ ④ ⑤

속이 빈 호박을 조각하는 날은?
할로윈데이
☺ 속이 빈 ⇨ 할로우

1558   ① ② ③ ④ ⑤

내 피는 빠른 혈액순환이 되는 데, 너 피는 어때?
내 피도 빠른 혈액순환이 돼
☺ 빠른 ⇨ 래피드

1559   ① ② ③ ④ ⑤

즉시 데워 먹을 수 있는 식품은?
인스턴트 식품이야
☺ 즉시 ⇨ 인스턴트

1560   ① ② ③ ④ ⑤

홍길동이 즉시 그 곳으로 간 거야?
응, 아마 이미 적 뒤에 있다가 혼내 줬을 거야
☺ 즉시의 ⇨ 이미-디어트

| 1551 | 말끔히 정돈된 | ① ② ③ ④ ⑤ | 1552 | 꾸준히 | ① ② ③ ④ ⑤ |

| 1553 | 명확한 | ① ② ③ ④ ⑤ | 1554 | 강인한 | ① ② ③ ④ ⑤ |

| 1555 | 뻣뻣한 | ① ② ③ ④ ⑤ | 1556 | 가파른 | ① ② ③ ④ ⑤ |

| 1557 | 속이 빈 | ① ② ③ ④ ⑤ | 1558 | 빠른 | ① ② ③ ④ ⑤ |

| 1559 | 즉시 | ① ② ③ ④ ⑤ | 1560 | 즉시의 | ① ② ③ ④ ⑤ |

1551	tidy [táidi]	① ② ③ ④		말끔히 정돈된	① ② ③ ④
1552	steady [stédi]	① ② ③ ④		꾸준히, 흔들리지 않는	① ② ③ ④
1553	obvious [ábviəs / ɔ́b-]	① ② ③ ④		명확한, 명백한, 명료한	① ② ③ ④
1554	tough [tʌf]	① ② ③ ④		강인한	① ② ③ ④
1555	stiff [stif]	① ② ③ ④		뻣뻣한	① ② ③ ④
1556	steep [stiːp]	① ② ③ ④		가파른	① ② ③ ④
1557	hollow [hálou / hɔ́l-]	① ② ③ ④		속이 빈	① ② ③ ④
1558	rapid [rǽpid]	① ② ③ ④		빠른, 급속한	① ② ③ ④
1559	instant [ínstənt]	① ② ③ ④		즉시, 즉석의	① ② ③ ④
1560	immediate [imíːdiit]	① ② ③ ④		즉시의	① ② ③ ④

1551.
말끔히 정돈된

1552.
꾸준히

1553.
명확한

1554.
강인한

1555.
뻣뻣한

1556.
가파른

1557.
속이 빈

1558.
빠른

1559.
즉시

1560.
즉시의

✓ STEP 1

1561 ① ② ③ ④ ⑤

우린 서로 같은 학교를 나온
얼라(아기)들이야
☺ 서로 같은 ⇨ 얼라이크

1562 ① ② ③ ④ ⑤

그녀는 뭐와 관련 있는 걸 좋아해?
래리는 직업과 관련있는 TV 프로그램을 좋아해
☺ 관련 있는 ⇨ 렐러티브

1563 ① ② ③ ④ ⑤

버스의 핸들을 강 반대쪽으로~
강하게 틀어라
☺ 반대의 ⇨ 칸트레리

1564 ① ② ③ ④ ⑤

반대쪽 사람 이름이 뭐야?
엎어진 체 자서 모르겠어
☺ 반대의 ⇨ 아퍼질

1565 ① ② ③ ④ ⑤

선생님~ 총계가 맞나요?
어디 보자, 또 틀렸구나
☺ 총계의 ⇨ 토우틀

1566 ① ② ③ ④ ⑤

전부의
언 타이어를 녹이는 건 힘들어
☺ 전부의 ⇨ 인타이얼

1567 ① ② ③ ④ ⑤

특별한 복장의 파티에 누가 나왔어?
파티에서 드라큘러도 나왔어
☺ 특별한 ⇨ 펄티큘럴

1568 ① ② ③ ④ ⑤

오늘 임시로 그 장면은 어떻게 찍을 거야?
엑스트라를 쓰기로 했어
☺ 임시의 ⇨ 엑스트러

1569 ① ② ③ ④ ⑤

보통 사람은 누구나 이 뜀틀을
넘을 수 있어
☺ 보통의 ⇨ 노-멀

1570 ① ② ③ ④ ⑤

전 세계에서 독특한 것이 있는 동물원은?
유니콘이 덴마크 동물원에 있데
☺ 독특한 ⇨ 유-니-크

1561	서로 같은	① ② ③ ④ ⑤
1562	관련 있는	① ② ③ ④ ⑤
1563	반대의	① ② ③ ④ ⑤
1564	반대의	① ② ③ ④ ⑤
1565	총계의	① ② ③ ④ ⑤
1566	전부의	① ② ③ ④ ⑤
1567	특별한	① ② ③ ④ ⑤
1568	임시의	① ② ③ ④ ⑤
1569	보통의	① ② ③ ④ ⑤
1570	독특한	① ② ③ ④ ⑤

No.	Word	①	②			①	②
1561	**alike** [əláik]	③	④		서로 같은	③	④
1562	**relative** [rélətiv]	① ③	② ④		관련[관계]있는	① ③	② ④
1563	**contrary** [kántreri / kɔ́n-]	① ③	② ④		반대의	① ③	② ④
1564	**opposite** [ápəzit, -sit / ɔ́p-]	① ③	② ④		반대의, 맞은편의	① ③	② ④
1565	**total** [tóutl]	① ③	② ④		총계의	① ③	② ④
1566	**entire** [entáiər]	① ③	② ④		전부의	① ③	② ④
1567	**particular** [pərtíkjələr]	① ③	② ④		특별한	① ③	② ④
1568	**extra** [ékstrə]	① ③	② ④		임시의, 추가의	① ③	② ④
1569	**normal** [nɔ́:rm-əl]	① ③	② ④		보통의	① ③	② ④
1570	**unique** [juːníːk]	① ③	② ④		독특한, 유일한	① ③	② ④

1570 유니콘(unicorn): 인도와 유럽의 전설의 동물, 모양과 크기는 말과 같고 이마에 뿔이 하나 있다.

1561. 서로 같은	1562. 관련 있는
1563. 반대의	1564. 반대의
1565. 총계의	1566. 전부의
1567. 특별한	1568. 임시의
1569. 보통의	1570. 독특한

✓ STEP 1

1571 ① ② ③ ④ ⑤

엄청난 크기의 귀중한 보석을 옮기다 힘들어 어떻게
했어?
풀에 앉아서 쉬었어~
☺ 귀중한 ⇨ 프레셔스

1572 ① ② ③ ④ ⑤

쓸데없이 금으로 치료한 상처는?
칼에 베인 상처
☺ 쓸데없는 ⇨ 베인

1573 ① ② ③ ④ ⑤

두려운 것이 어디 있는데?
어~ 풀 속에
☺ 두려운 ⇨ 오-펄

1574 ① ② ③ ④ ⑤

나쁜 놈에게 뭐라고 외쳤어?
이 벌 받을 놈아! 라고
☺ 나쁜 ⇨ 이-벌

1575 ① ② ③ ④ ⑤

의학을 다루는 전문 드라마는?
메디컬 드라마
☺ 의학의 ⇨ 메디컬

1576 ① ② ③ ④ ⑤

피가 나는 육체를 보고?
"그거 피지? 칼에 베인 거야?"
☺ 육체의 ⇨ 피지컬

1577 ① ② ③ ④ ⑤

내 얼굴에 무슨 물질이 묻었니?
뭐가 튀어 니(너) 얼굴에 묻었어!
☺ 물질 ⇨ 머티어리얼

1578 ① ② ③ ④ ⑤

올림픽은?
올림픽
☺ 올림픽 ⇨ 얼림픽

1579 ① ② ③ ④ ⑤

이건 합법이야~
이 걸 불법이라고 하다니!
☺ 합법의 ⇨ 리걸

1580 ① ② ③ ④ ⑤

각 개인 인디밴드 멤버들 비주얼은 어때?
멤버들 비주얼은 최고야
☺ 개인의 ⇨ 인더비쥬얼

1571 귀중한	1572 쓸데없는

① ② ③ ④ ⑤	① ② ③ ④ ⑤

1573 두려운	1574 나쁜

① ② ③ ④ ⑤	① ② ③ ④ ⑤

1575 의학의	1576 육체의

① ② ③ ④ ⑤	① ② ③ ④ ⑤

1577 물질	1578 올림픽

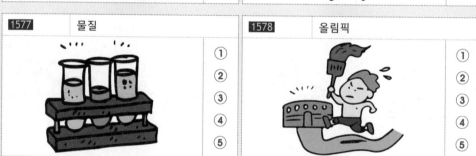

① ② ③ ④ ⑤	① ② ③ ④ ⑤

1579 합법의	1580 개인의

① ② ③ ④ ⑤	① ② ③ ④ ⑤

1571	**precious** [préʃəs]	① ②		③ ④	귀중한	① ②		③ ④
1572	**vain** [vein]	① ② ③ ④			쓸데없는	① ② ③ ④		
1573	**awful** [ɔ́:fəl]	① ② ③ ④			두려운	① ② ③ ④		
1574	**evil** [í:vəl]	① ② ③ ④			나쁜, 사악한, 불길한	① ② ③ ④		
1575	**medical** [médik-əl]	① ② ③ ④			의학의	① ② ③ ④		
1576	**physical** [fízikəl]	① ② ③ ④			육체의	① ② ③ ④		
1577	**material** [mətí-əriəl]	① ② ③ ④			물질, 재료	① ② ③ ④		
1578	**Olympic** [əlímpik]	① ② ③ ④			① 국제 올림픽 경기의 ② 올림포스의 신	① ② ③ ④		
1579	**legal** [líg-əl]	① ② ③ ④			합법의	① ② ③ ④		
1580	**individual** [indəvídʒuəl]	① ② ③ ④			개인의	① ② ③ ④		

1571.		1572.	
	귀중한		쓸데없는

1573.		1574.	
	두려운		나쁜

1575.		1576.	
	의학의		육체의

1577.		1578.	
	물질		올림픽

1579.		1580.	
	합법의		개인의

✓ STEP 1

1581 ① ② ③ ④ ⑤

인디아나 주의 비공식 포수가 왜 유명해?
인디아나 주의 포수는 멀대같이 크기로 유명해
☺ 비공식 ⇨ 인포-멀

1582 ① ② ③ ④ ⑤

고대의 사람은?
애인 셔츠도 모르고 살았어
☺ 고대의 ⇨ 에인션트

1583 ① ② ③ ④ ⑤

문제 풀 때 가장 주요한 것은?
푸라이!(풀어라) 머리로!
☺ 주요한 ⇨ 프라이머리

1584 ① ② ③ ④ ⑤

기초 상식을 알려준 영상은?
엘러지를 다룬 다큐멘터리
☺ 기초의 ⇨ 엘러멘터리

1585 ① ② ③ ④ ⑤

이번 리그에 주요한 선수들은 다 참여했어?
메이져 급들은 다 왔어
☺ 주요한 ⇨ 메이절

1586 ① ② ③ ④ ⑤

인도에서 맛이 대단히 좋은 아이스크림은?
델리의 샤벳 아이스크림이 맛있어
☺ 맛이 대단히 좋은 ⇨ 딜리셔스

1587 ① ② ③ ④ ⑤

훌륭한 아이스크림은?
엑설런트 아이스크림
☺ 훌륭한 ⇨ 엑설런트

1588 ① ② ③ ④ ⑤

할머니, 편리한 모습이네요?
큰 비녀로 머릴 틀어 올려서 그래
☺ 편리한 ⇨ 컨비-니언트

1589 ① ② ③ ④ ⑤

머리에 복잡하게 붙어버린 껌을 어떻게 했어?
껌을 플랬어(풀어냈어)
☺ 복잡한 ⇨ 컴플렉스

1590 ① ② ③ ④ ⑤

철저하게 청소했어?
아직도 더러우니 만지지마!
☺ 철저하게 ⇨ 써-로우

1581	비공식

① ② ③ ④ ⑤

1582	고대의

① ② ③ ④ ⑤

1583	주요한

① ② ③ ④ ⑤

1584	기초의

① ② ③ ④ ⑤

1585	주요한

① ② ③ ④ ⑤

1586	맛이 대단히 좋은

① ② ③ ④ ⑤

1587	훌륭한

① ② ③ ④ ⑤

1588	편리한

① ② ③ ④ ⑤

1589	복잡한

① ② ③ ④ ⑤

1590	철저하게

① ② ③ ④ ⑤

1581	informal [infɔ́:rməl]	① ② ③ ④	비공식의	① ② ③ ④
1582	ancient [éinʃənt]	① ② ③ ④	고대의	① ② ③ ④
1583	primary [práimeri, -məri]	① ② ③ ④	주요한	① ② ③ ④
1584	elementary [èləméntəri]	① ② ③ ④	기초의	① ② ③ ④
1585	major [méidʒə:r]	① ② ③ ④	주요한, 주된	① ② ③ ④
1586	delicious [dilíʃəs]	① ② ③ ④	맛이 대단히 좋은	① ② ③ ④
1587	excellent [éksələnt]	① ② ③ ④	훌륭한	① ② ③ ④
1588	convenient [kənví:njənt]	① ② ③ ④	편리한	① ② ③ ④
1589	complex [kəmpléks]	① ② ③ ④	복잡한	① ② ③ ④
1590	thorough [θə́:rou, θʌ́r-]	① ② ③ ④	철저하게	① ② ③ ④

1581. 비공식	**1582.** 고대의
1583. 주요한	**1584.** 기초의
1585. 주요한	**1586.** 맛이 대단히 좋은
1587. 훌륭한	**1588.** 편리한
1589. 복잡한	**1590.** 철저하게

✓ STEP 1

1591 ① ② ③ ④ ⑤

이곳에도 물론 분유가 있겠지?
앱솔루트 분유는 이곳에도 팔아
☺ 물론 ⇨ 앱설루-틀리

1592 ① ② ③ ④ ⑤

부모님 아파트가 집과 얼마나 떨어져있니?
부모님 아파트와 내 집은 많이 떨어져있지 않아
☺ 떨어져서 ⇨ 어팔-트

1593 ① ② ③ ④ ⑤

풀을 자주 깎아 주지 않으면 어떻게 돼?
풀이 큰 것은 이틀이면 쑥~ 자라더라
☺ 자주 ⇨ 프리-퀀틀리

1594 ① ② ③ ④ ⑤

스님에게 뭘 서둘러야 한다고 전할까?
헤이~ 스님이 서둘러서 틀니를 하시게 해
☺ 서둘러서 ⇨ 헤이스틸리

1595 ① ② ③ ④ ⑤

실내에서 무슨 일이 있었어?
거인이 돌을 던져서 사람들이 다쳤어
☺ 실내에서 ⇨ 인도얼즈

1596 ① ② ③ ④ ⑤

요즘음 레이는 왜 안 보여?
레이는 이가 안 좋아서 틀니하러 치과에 갔어
☺ 요즘음 ⇨ 레이틀리

1597 ① ② ③ ④ ⑤

요즘 더욱이 모군이 이상한 것 같네?
특히 모군은 엄마 앞에서 오버하곤 해
☺ 더욱이 ⇨ 몰-오우-벌

1598 ① ② ③ ④ ⑤

일 년 동안 죽 꾸준히 한 게 뭐야?
나는 나뜨루 아이스크림을 매일 테이크아웃 했어
☺ ~동안 죽 ⇨ 쓰루-아우트

1599 ① ② ③ ④ ⑤

베니스의 밑에는 뭐가 있어?
베니스의 밑에는 강이 흐르고 있어
☺ ~의 밑에 ⇨ 비니-쓰

1600 ① ② ③ ④ ⑤

아무리 시골 출신이라도 서울에서 꼭 해야 하는 게 뭐가 있어요?
서울에 왔으면 꼭 에버랜드에 들려요
☺ 아무리 ~라도 ⇨ 왓에벌

1591	**absolutely** [æbsəlúːtli]	①	②		물론	①	②
		③	④			③	④
1592	**apart** [əpáːrt]	①	②		떨어져서, 별개로	①	②
		③	④			③	④
1593	**frequently** [fríːkwəntli]	①	②		자주	①	②
		③	④			③	④
1594	**hastily** [héistili]	①	②		서둘러서	①	②
		③	④			③	④
1595	**indoors** [indɔ́ːrz]	①	②		실내에(서)	①	②
		③	④			③	④
1596	**lately** [léitli]	①	②		요즈음	①	②
		③	④			③	④
1597	**moreover** [mɔːróuvər]	①	②		더욱이	①	②
		③	④			③	④
1598	**throughout** [θruːáut]	①	②		~동안 죽	①	②
		③	④			③	④
1599	**beneath** [biníːθ, -níːð]	①	②		~의 밑에	①	②
		③	④			③	④
1600	**whatever** [hwɑtévəːr, hwʌt- / hwɔt-]	①	②		아무리 ~라도	①	②
		③	④			③	④

1591. 물론	1592. 떨어져서
1593. 자주	1594. 서둘러서
1595. 실내에서	1596. 요즈음
1597. 더욱이	1598. ~동안 죽
1599. ~의 밑에	1600. 아무리 ~라도

MEMO

MEMO

MEMO

MEMO